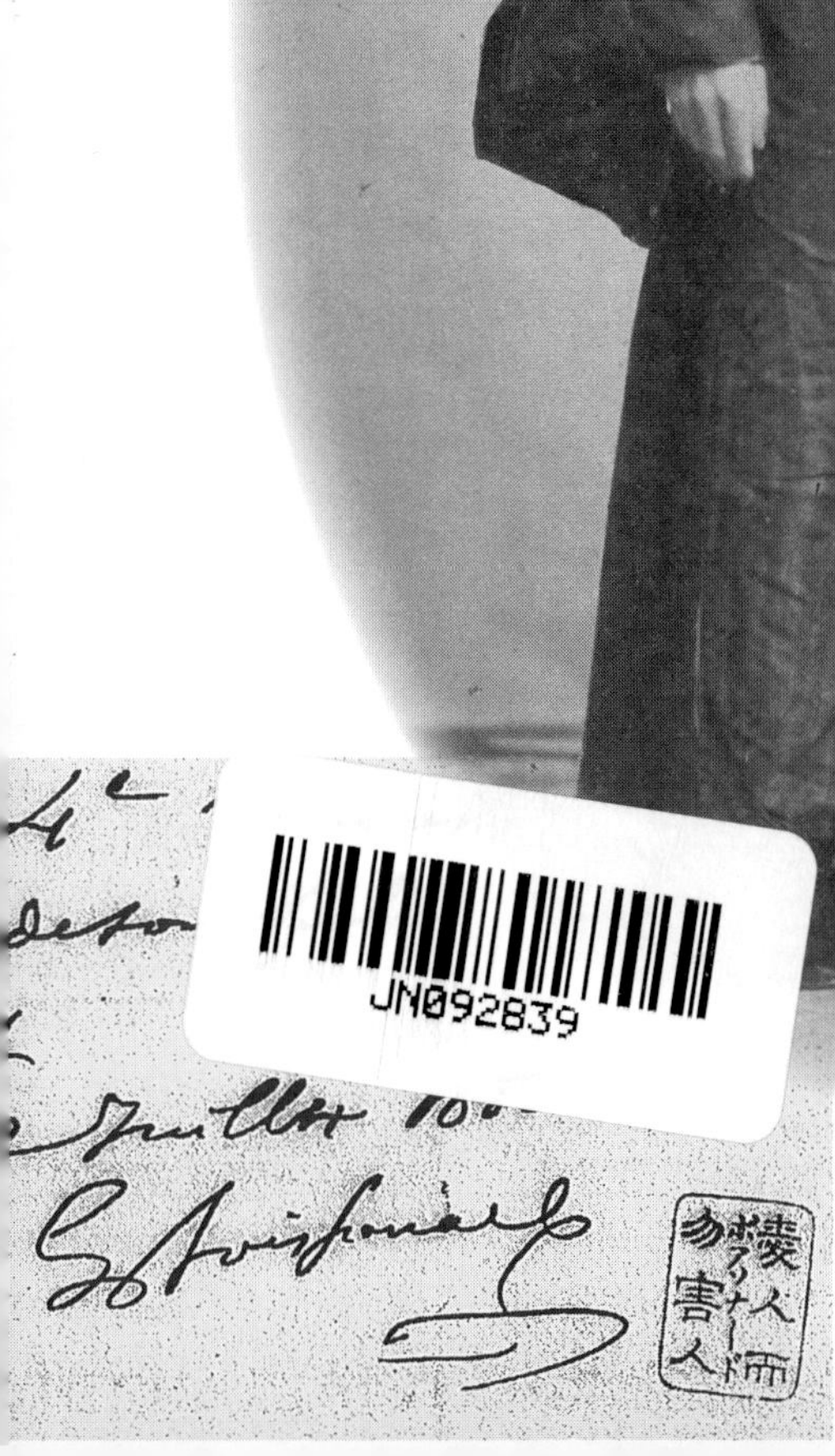

監修者――加藤友康／五味文彦／鈴木淳／高埜利彦

［カバー表写真］
司法省
（1895〈明治28〉年竣工。旧法務省本館として現存）

［カバー裏写真］
晩年のボワソナード
（アンチーブで撮影か。勲一等旭日大綬章を佩用とみられる）

［扉写真］
フランスの法学部教授正装をしたボワソナード（上）
（1876〈明治９〉年，勲二等旭日重光章叙勲の際のものか）
ボワソナードの署名と印鑑（下）

日本史リブレット人087

ボワソナード

「日本近代法の父」の殉教

Ikeda Masao

池田眞朗

目次

「日本近代法の父」の「殉教」

一八七三(明治六)年十一月十五日、横浜の港に一人の小柄な壮年のフランス人が到着した。日本政府御雇(おやとい)法律顧問、ギュスターブ・エミール・ボワソナード・ド・フォンタラビー(Gustave Emile Boissonade de Fontarabie 一八二五～一九一〇)その人である。▲当時すでに満四八歳になっていた彼は、そこから二二年の長きにわたって、この極東の日本という国のために全精力を傾けて働くことになる。彼は、「日本近代法の父」と称される。しかし彼の業績は、「日本国の文明化の父」とまで呼んでもよいものであった。明治政府は、工学、医学、社会科学など多方面にわたって多数のお雇い外国人を招聘(しょうへい)したが、おそらくそのなかでも、彼の業績には卓越した第一等の評価があたえられるであろう。

▼ボワソナードの日本語表記
来日当時からボアソナードとするものとボワソナードとするものが混在している。最近の法律学界では、よりフランス語の発音に近いと思われるボワソナードの表記が優勢であり、本書でもそれを採用する(ただし出典・引用は原典の表記に従う)。

本書は、その八面六臂の活躍に当時「法曹界の団十郎」と称されたという、ボワソナードの事績を紹介しつつ、明治日本の近代化の本質を探究し、ある意味で「明治政府にその学殖と精力のすべてを吸収され尽くした」（大久保泰甫『日本近代法の父　ボワソナアド』）といわれる法学者ボワソナードの生涯の光と影を明らかにしようとするものである。

　ボワソナードの多岐にわたる業績は、大きく三つに分けると、⑴民法、刑法、治罪法（刑事訴訟法）の編纂、⑵法学教育への貢献、⑶外交交渉や条約改正への貢献、となる。そのなかでも最大の業績はいわゆる旧民法典の編纂であるが、明治政府にとってのボワソナードの「利用」は、外交交渉から始まっている。その最初は、いわゆる台湾出兵の後始末に関する、清国との交渉であった。

　さらにボワソナードは、刑事法については、拷問廃止を訴えたエピソードなども伝えられるが、刑法典、治罪法典の編纂をへて彼の最大の業績である旧民法典の編纂に向かったのは、一八七九（明治十二）年のことであった（ただしボワソナードが起草したのは、いわゆる財産法の部分であって、家族法〈親族・相続法〉の部分は日本人委員が起草している）。そして彼の畢生の作品である旧民法典は一八

▼**明治初期のお雇い外国人**　ボワソナード来日二年目の一八七四（明治七）年のお雇い外国人の国籍別人数は次ページ表のようになる（梅渓昇『お雇い外国人①——概説』七一ページの表を一部改変）。フランス人は司法省のほか陸軍省、海軍省に多い。文部省のドイツ人は、大学東校のドイツ医学採用が大きいようである。

明治初期のお雇い外国人　（単位：人）

官庁／国籍	太政官	外務省	内務省	大蔵省	陸軍省	海軍省	文部省	工部省	司法省	宮内省	開拓使	国籍別計
アメリカ	1	6	4	7	－	－	14	7	1	－	7	47
イギリス	1	2	9	16	－	29	25	185	1	－	1	269
フランス	1	1	7	－	36	36	10	13	4	－	－	108
ドイツ	1	1	－	－	－	－	24	6	－	2	3	37
その他	1	4	7	4	2	1	4	17	2	－	－	42
官庁別計	5	14	27	27	38	66	77	228	8	2	11	503

九〇（明治二十三）年に公布されるのだが、これがいわゆる法典論争の末に施行延期となり、結局施行はなされないまま、三人の日本人起草委員によって修正され、明治民法典が成立するのである。

本書では、明治維新後のお雇い外国人▲の筆頭格ともいうべきボワソナードを、彼を招聘し活用した政治家や官吏との関わりのなかでも考察する。そこには、わが国の近代化に多大な貢献をしつつも、当時の政治の荒波に、もっといえば明治という時代に、翻弄されたお雇い外国人の姿がみてとれる。また逆に、江藤新平、大久保利通、井上毅、大木喬任、山田顕義、伊藤博文らの人物像と、彼らの運命も浮かび上がるのである。

ボワソナードは、民法の要諦を、「何人をも害するなかれ」Ne léser personne. の一文にありと講じた。もちろんそれは、他人を害さないよう何もするなということではなく、個々人の権利を尊重しつつ、他人を害することなくどれだけ自由な行動を確保するかということを意味しているのである。人びとがみずからの行動や意思の表出に責任をもつ近代市民社会の自治のあり方、それに対する法の適切な対応、をめざす象徴的な表現であったといえる。彼の用いた漢字の印章には、「愛人而勿害人」（人を愛し、而して人を害する勿れ）と刻されていた（扉写真下参照）。

①──「地の果て」への赴任

招聘前夜の日本とフランス

一八五〇(嘉永三)年、肥前佐賀の城下で、藩校弘道館の教諭をつとめる枝吉忠左衛門種彰の長男神陽が、同志一〇余人と「義祭同盟」を結成した。楠木正成戦没日に、楠公父子訣別の甲冑像をまつったという。これが佐賀における勤王家の初会合とされる(安岡昭男『副島種臣』)。本書を書き起こすにあたって記しておきたいのは、その同盟の顔ぶれである。

地元の青年たちの、素朴な思いの集会にすぎなかったのかもしれないが、そこに集ったのは、枝吉神陽の弟二郎(種臣)をはじめ、大木民平(喬任)、最年少とされた江藤新平らである。のちには大隈八太郎(重信)、久米丈一郎(邦武)も加わったとされる。時に枝吉二郎二二歳、大木民平一八歳、江藤新平一六歳であった(大隈は江藤よりさらに四歳下である)。

枝吉二郎はのちに父死去の一八五九(安政六)年、佐賀藩士副島利忠の養子となり、副島二郎種臣▲を名乗ることとなる。和漢学に優れたが、のちに洋学も志

▼**副島種臣**　一八二八〜九〇。佐賀藩出身。明治維新後に参与・参議をへて一八七一(明治四)年から外務卿。特命全権大使として清国に渡り日清修好条規の締結に関与。枢密院副議長、内務大臣などを歴任。維新政府きっての知識人とうたわれ、漢詩人・能書家としても知られる。

す。一八六五(慶応元)年には、副島は大隈らと長崎に佐賀藩の学塾致遠館を開設し、フルベッキ▲を招いてみずからも英学を学んだ。当時フルベッキの「副島、大隈の二人の有望な生徒に新約聖書と米国憲法を教えた」という手紙が残っている。

この、佐賀城下に若者たちの義祭同盟が結成された幕末一八五〇年の「人物俯瞰図」を描いておきたい。薩摩の大久保利通はちょうど二〇歳、前記大隈が一二歳であったのに対して豊前中津の福澤諭吉は一五歳、のちに本書でも重要な役どころになる長州の伊藤博文は九歳、井上毅が七歳、山田顕義は六歳、箕作麟祥はまだ四歳であった。その同じ年、フランス・パリ法科大学で、前年法学士号をえた二五歳の青年が、博士課程の二回の科目試験に合格し、二年後の博士論文審査に向けて論文の準備を始める。いまだ自身の運命を知らない、ボワソナードその人であった。

司法卿江藤新平と司法制度改革

明治維新後の新政府で近代民法典の編纂を企図し、責任者として積極的に推

▼**フルベッキ**　一八三〇〜九八。Guido Herman Fridolin Verbeck 米国オランダ改革派教会の宣教師として来日、長崎で幕府の英学所済美館や、佐賀藩が設置した致遠館で英語教師をつとめる。一八六九(明治二)年、明治政府に請われて上京し、東京大学の前身にあたる開成学校とその後の大学南校で教頭をつとめる。岩倉使節団派遣にも助言をしたという。一八八六(明治十九)年、明治学院の開学時に理事・神学部教授となり、のちに理事長。なお近年では、ヴァーベックと表記されることもある。

江藤新平

進したのは、江藤新平▲であった。彼は、初代司法卿となる以前の太政官制度局中弁であった一八七〇(明治三)年から、箕作麟祥らにフランス民法を拙速をいとわず敷き写すような立法作業を試みさせたうえで、その限界を認識して、フランスから「相成可上等ノ人」を起草担当者として招聘しようとしたのである。

ただし、箕作麟祥に最初にフランスの諸法典の翻訳を命じたのは、江藤ではなく、明治政府参与(のちの外務卿)副島種臣であり、副島みずからの述懐によれば、一八六九(明治二)年のことであるという(安岡『副島種臣』)。副島と江藤は先述のように佐賀での旧知の仲であり、急進的な司法制度の充実をはかった江藤は、博識をうたわれた副島がフランスの法令集の原書を中野健明(佐賀藩士で先述の致遠館で学び、一八六九年外務少丞)から入手して箕作に翻訳をさせたのを知って、活用したようである(もっとも、当時近代民法典としてはドイツ民法典もまだ存在せず、フランス民法典▲を範とすること自体は当然の選択ではあった)。

なお、箕作は「ナポレオンコードを訳した」といい、箕作訳の『仏蘭西法律書・刑法』は一八七〇年に出版され、同じく『仏蘭西法律書・民法』は七一(明治四)年に出版されているが、箕作が最初に部分的に訳したのは、副島が六九年

▼**江藤新平**　一八三四〜七四。佐賀藩出身。一八六八(明治元)年に新政府より東征大総督府軍監・徴士に任命され、江戸の民政行政に携わる。翌年、太政官中弁。制度取調専務。左院副議長(初代)、文部大輔(初代)をへて初代司法卿。立法・立案に高い能力を示し、短時日で近代日本の司法制度の基礎を築き、初期の民法編纂事業を主導した。英明をうたわれたが征韓論争で下野、佐賀の乱で刑死する。

▼**ナポレオン法典**　通常は一八〇四年に制定のフランス民法典をさす。最初に「フランス市民の法」と命名され、その後一時Code Napoléonと呼ばれた。

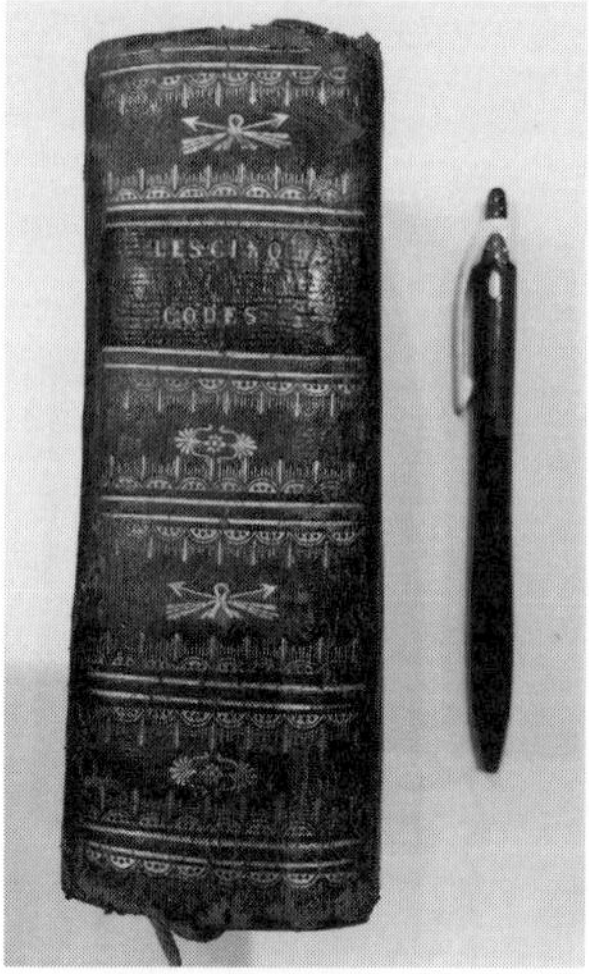

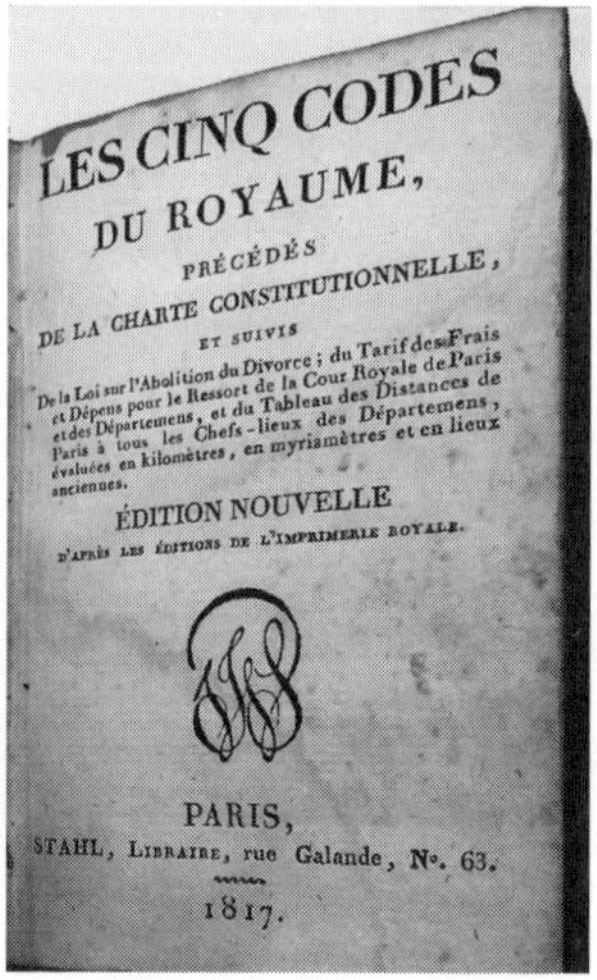

フランスの六法(1817年版)　写真は，箕作が訳したものよりはるかに古く，明治維新の約50年前のものである。縦14cm，横９cm，厚さ５cmの革張りの小型本であり，背表紙にはLES CINQ CODES「五法」とある。この時代はナポレオン１世没落後の王政復古期で，1814年にルイ18世によって公布された欽定憲法である「憲章」(Charte constitutionelle)が行われており，中表紙には，「憲章を先立てた王国の五法」と書かれている。民法や刑法は，箕作が訳したものがすでに制定され収録されている。

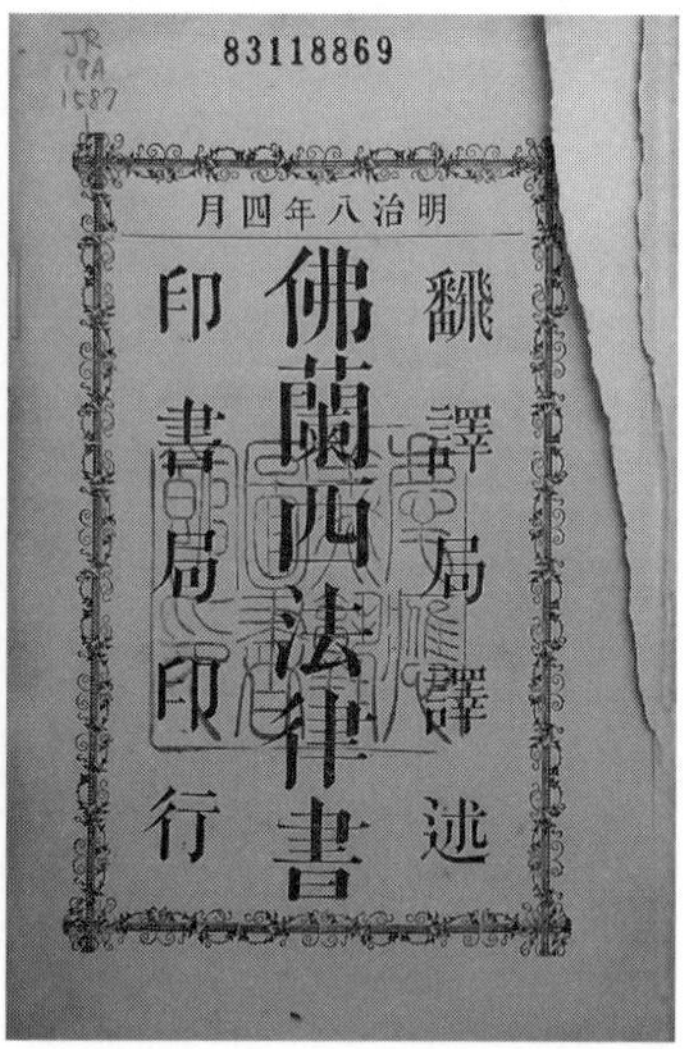

『仏蘭西法律書』(1875〈明治８〉年)

に新律綱領(刑法典にあたる)の起草にあたって参考にした、刑法関係のところのようである。▲

ちなみに、現在日本では法令集を「六法」と呼ぶことが確立しているが(具体的には憲法、民法、刑法、商法、民事訴訟法、刑事訴訟法の六つの法律とそれ以外の特別法を集めたものをさす)、この呼称は外国では必ずしも同様ではない。ナポレオン法典制定後のフランスの主要法令集は、憲法に数多くの変遷があったが(革命後最初の一七九一年の憲法に始まり、共和政、王政、帝政と政治形態が何度も変遷するなかで、約一世紀半のあいだに一〇の憲法が制定されている)、かなり早い時期から出版されていたようである。王政復古期のものは、「憲章を先立てた王国の五法」(前ページ写真参照)などと、憲法にあたるものを別格にした収録法令の数をタイトルにしていた。おそらく副島が入手し箕作が翻訳したのは、一八四八年の第二共和政のあと、五二年憲法でふたたび帝政(ナポレオン三世)がしかれた当時のフランス法令集の一冊であったかと思われる。

いずれにしても、ボワソナードを招聘する伏線となったフランス法典の翻訳の指示は、副島に始まり江藤に引き継がれたのである。

▼**『仏蘭西法律書』** ナポレオン「諸」法典(codes napoléoniens)という時は、ナポレオン一世治下に制定された主要法典、すなわちナポレオン五法典(cinq codes napoléoniens)をさす。箕作麟祥が「ナポレオンコードを訳した」といっているのは、『仏蘭西法律書』の内容をみると、こちらの意味のように思われる。

この、ボワソナードの招聘を指示した江藤新平こそは、司法制度だけでなく、明治新政府初期の政体改革事業の中心人物とまで評価してよい存在であった。一八七〇年九月に、大久保利通が岩倉具視と政体改革についての書簡を取り交わしているが、そのなかでは「江藤中弁の企画書」のごときものが言及されており、実質的に江藤が政体改革の草案を起草していたことが想定されるという評価がある(笠原英彦『明治留守政府』)。また大久保は、当時参議副島種臣にも相談をもちかけていた(『大久保利通文書』)。ちなみに大久保と副島は当時邸宅が隣同士で、昵懇の仲であったとされる(安岡『副島種臣』)。

そして一八七一年十一月十二日、大久保や伊藤博文らを含む岩倉遣欧使節団が出発する。ここから一八七三(明治六)年の帰国までの二年間が、西郷隆盛、板垣退助、大隈、そして江藤、後藤象二郎、大木喬任▲、井上馨、副島らによる、いわゆる「明治留守政府」のもとでのわが国の近代化事業の推進期間となるわけである。明治留守政府については、政治的混乱をきたしたという評価も多かったが、近年の研究では、思いのほか進歩的かつ開明的な改革を推進した政権であったという、肯定的な評価もされている(笠原『明治留守政府』)。

▼**大木喬任**　一八三二〜九九。副島種臣、江藤新平らと佐賀の同郷の友人で、文部卿から江藤のあとの司法卿となり、その後民法編纂総裁として、ボワソナード旧民法典の編纂・制定に尽力した。枢密院議長、文部大臣などを歴任。

この間に実現したものには、当時の文部卿であった大木喬任（一八七三年から参議）による学制（がくせい）の制定（一八七二〈明治五〉年）など多数があるが、翌一八七三年に入り、留守政府は混乱を深める。その大きな理由が、大蔵省と他省の予算の取合いの問題であった。たとえば司法省は、各藩から裁判権を司法省に取り上げて、各地に裁判所を設置するなどの大々的な改革を推進し、その予算要求において大蔵省と対立した。そのようなさなかにボワソナードの招聘は進められていたのである。

江藤派遣調査団とボワソナードとの邂逅

江藤新平自身、岩倉遣欧使節団に加わり欧州の法制度視察をしたかったようなのであるが、それは実現しなかった。そのかわり、江藤は、欧州法制事情調査を目的に、司法卿就任直後の一八七二（明治五）年四月三十日に「欧州各国差遣」の辞令を受ける。しかしこれも国内省内の整備に追われて、三条実美（さんじょうさねとみ）太政大臣から延期を求められ、ついに江藤本人は出発を断念して、江藤の随行員として発令されていた当時の司法官僚らのみを欧州視察に送った。ここではその面々を、「司法省江藤派遣調査団」と呼ぶことにしたい。

そのメンバーが、司法少丞河野敏鎌、明法助鶴田皓、権中判事岸良兼養、警保助川路利良、司法中録井上毅、司法省七等出仕沼間守一、同名村泰蔵、▲同八等出仕益田克徳の八人である。このなかでは、井上毅と名村泰蔵に注目しておきたい。出発にあたって、江藤は彼らに、欧州司法制度調査と、明治政府お雇い外国人として「相可成上等ノ人」の招聘という任務をあたえていた。さらに江藤は、出発の挨拶に訪れた鶴田と井上に対して、各国の制度文物の長をとり短をすてることを諭し、「徒に各国文明の状態を学びて、悉く之を我国に輸入するを趣旨とすべきにあらず。故に須らく彼らに学習するの意を去り、之を観察批評するの精神を以てせざるべからず」と説いた。実はこの訓辞を忠実に、ある意味では江藤の期待以上に実践したのが、井上だったのである。

江藤派遣調査団は、岩倉使節団から遅れること一〇カ月、一八七二年九月十三日に横浜港を発ち、マルセイユから汽車でパリに着いたのは十一月一日であった。そこで彼らは、フランスの法制について専門家の講義を受ける「諮問会」の開催を、弁理公使(日本の初代駐仏大使となる)鮫島尚信に依頼し、フランス側

井上毅

▼名村泰蔵　一八四〇〜一九〇七。長崎出身。養子に入った名村家は代々阿蘭陀通詞を継承した家柄であったため、オランダ語を学び、英語・ドイツ語・フランス語も学んだという。一八六七(慶応三)年、パリ万国博覧会に派遣された徳川昭武に随行。したがってボワソナードの最初の授業を聴いた段階でもフランス語の能力は高かったと思われる。後年、司法大書記官をへて、大審院検事長、大審院長心得を歴任。一八九四(明治二十七)年、貴族院議員に勅選された。

に伝わったその話を受けた視学総監シャルル・ジローが講師に指名したのが、当時パリ法科大学のアグレジェ（正教授登用を待つ身分）だったボワソナードだったのである。なおシャルル・ジローは、ボワソナードがアグレガシオン（教授資格試験）に数度の挑戦の末に合格した、その合格の際の試験委員であった。

これが、ボワソナードと極東の「地の果て」日本を結ぶきっかけであった。ちなみに、フランス語にいう「地の果て」bout du mondeは誇張ではない。フランスの世界地図は、ヨーロッパを中心において描かれているので、その一番右端に、ひしゃげた形で描かれているのが、わが日本列島なのである。▲

こうしてボワソナードの憲法と刑法についての講義を聴くことになったのは、江藤派遣調査団の岸良、鶴田、川路、井上、名村と、文部省から派遣されていた今村和郎、通訳として加えられた陸軍大尉岩下長十郎であった。のちにボワソナードは、このうち井上、名村、今村の三人には、フランス語の講義を理解する語学力があったと述べているが、井上は、「只々口耳不熟、百事不如意隔靴搔痒之類多ク」と当時の楠田英世宛の手紙▲に書いている（『井上毅傳』史料編第四）。なお、名村と今村は相当の仏語力があったようで、実際、名村は、そ

▼地の果て　「極東」は英語ではFar Eastだが、フランス語では文字どおりExtrême-Orientという。

▼楠田宛の井上書簡　楠田英世（一八三一～一九〇六、当時の明法権頭、ついで明法頭、のちに元老院議官）宛の一八七三（明治六）年五月二十二日の手紙であるが、この手紙が重要なのはこのさきである。パリで「専ら翻訳ニ首を埋メ」ていた井上は、同月初めにベルリンに赴き、「十余日滞留」して、ドイツの法制を調査してきたことを書き連ねている。これが本書の一つの伏線になる。

の後ボワソナードの来日する船に同乗して帰国し、そのまま長く日本でのボワソナードの通訳役をつとめることになる。今村はのちに旧民法の編纂会議などにも加わり、旧民法典を擁護する『解難』の一書を著わしている。

井上毅の欧州法制調査——歴史の伏線として

ここで、井上毅▲という人物にふれておかなければならない。彼こそは、前半期の明治政府において、その主導者たちを支援し、実質的に動かした、今日的にいう「高級官僚」以上の影の実力者となった人物である。ボワソナードとの関係でいえば、彼を「使い倒した」中心人物といってもよいかもしれない。

パリでボワソナードの最初の講義を聴いた一人である井上は、そのパリ滞在中にドイツに調査に向かう。そしてその地で、ドイツの制度や学説を評価するにいたり、ことに民法についてはフランス民法を批判してドイツの州法制度を評価し、「民法ニ至テハ……其ノ細目ニ至テハ、各所各邑皆ナ其ノ習慣ニ従ヒ、民心自ラ安スルノ旧慣アリ、即チ名ケテ局法トス」(楠田英世宛書簡『井上毅傳』史料篇第四)と述べ、民法は急いで整備すべきではない、フランスの民俗は軽剽

▼**井上毅**　一八四四〜九五。明治政府の官僚。熊本の下級武士の家に生まれ、養子となって井上姓となる。貢進生として大学南校で学んだあと、明治政府の司法省に仕官し、江藤新平の指示で派遣調査団の一員として一八七二(明治五)年に渡欧。フランスを中心にベルギー、ドイツなどで司法制度の調査研究を行った。帰国後に大久保利通に登用され、その死後は岩倉具視、伊藤博文に重用される。議院内閣制を警戒してドイツ式の国家体制樹立を説き、伊藤とともに大日本帝国憲法や皇室典範、教育勅語、軍人勅諭などの起草に参画した。太政官大書記官、法制局長官、枢密顧問官、第二次伊藤内閣の文部大臣などを歴任。

で、目新しさを好むが、ドイツ人は、日本の無類の進歩を無類の災厄と批判する、と書いて、刑法は国法として一国に共通でなければならないが、民法は邦ごとの独自の慣習に基づいた局法（州法などの、「局地的な法」の意味で用いている訳語と思われる）でよいと書き（井上毅「伯耳霊ニ於テ筆記」「伯耳霊行筆記」『井上毅傳』史料篇第三）、前掲の楠田英世に宛ててそれらの内容を記して、この書簡を江藤司法卿にお見せいただければ幸いと書いているのである。

フランスからお雇い外国人を招聘するというミッションに加わっていた井上が、フランスではなくドイツの法制を評価するにいたったわけである。そしてこの評価が、後日伊藤博文のボワソナード旧民法典の評価にまで影響したようにみえる。もちろん、当時の日本にとって、漸進的なドイツ・プロイセンの改革のほうがお手本として適切、という評価は、明治政府のトップがいわゆる「国体」を考えるにはより適合的であったともいえよう（伊藤による、後日のプロイセン憲法に多くをならった大日本帝国憲法の発布を想起したい）。また、すでにこの段階で、井上は、司法官僚ではなく、「国体」創設にかかわる「中央官僚」をめざしていたといえようか。▲

▼**ドイツ帝国**　ドイツでは、ビスマルクの指揮のもと普仏戦争に勝利した一八七一年に、フランスのベルサイユ宮殿における皇帝戴冠によってドイツ帝国が誕生している。井上はその二年後の一八七三（明治六）年にベルリンを訪れているわけである。

ボワソナード来日と最初の波乱――「司法卿」はいずこに

そして、日本への派遣者として、パリ大学のアグレジェ(待命教授)であったボワソナードが選ばれた。結ばれた明治政府との雇用契約書▲第一五条には、司法卿すなわち江藤への謁見が規定される。しかし、実はその江藤への謁見は、実現しなかった。

ボワソナードはさきに述べたように一八七三(明治六)年十一月十五日に来日したのだが、同年十月十四日に太政官代で朝鮮交渉をめぐる閣議があり、いったん西郷隆盛の遣使が決定するが、▲その後の伊藤博文など政府首脳部の人間関係の画策の結果、十月二十三日に西郷隆盛の遣使中止が岩倉具視によって決定される。すると、江藤は西郷に続いて板垣退助・後藤象二郎・副島種臣とともに翌二十四日に下野した(二十五日辞表受理)。これがいわゆる明治六年政変である。

つまり、ボワソナード到着の日には江藤はもはや司法卿ではなかったのである(正確にいうと江藤は一八七三年四月十九日に司法卿を辞任して参議に転じており、司法卿は半年の空席ののちに、江藤の参議辞表受理の十月二十五日に後任として参議

▼**ボワソナードの雇用契約**　最初の雇用契約は、一八七三(明治六)年六月に結ばれ、期限三年(来日から起算)、月給七〇〇メキシコドル(三カ月分前渡し)、という条件であった。家族の旅費も支給される内容であったが、実際にはボワソナードは単身で赴任する。なお、月額七〇〇メキシコドルは、当時のパリ大学法学部アグレジェの給与の約六倍であったという(大久保泰甫『日本近代法の父　ボワソナアド』)。

▼**「征韓論争」の評価**　これを従来いわれたように「征韓論争」と呼ぶのは誤りであると毛利敏彦『明治六年政変』は力説する。西郷には武力行使の意図はなく、征韓論は、政変の勝利者が正当化のために唱えたデマゴギーであったという。

大木喬任が兼務で就任する)。そして江藤はそのまま「御用滞在仰付られ候」ということで東京にとどまっていたが、そこに板垣退助らの民撰議院設立建白の話がもちあがる。さらに江藤は同年十二月、上京してきた郷里佐賀の征韓党の面々から、帰県して指導にあたってほしいと懇願される。そして江藤は、翌年一八七四(明治七)年一月十二日に板垣・副島らとともに「民撰議院設立建白書」に署名し、翌十三日に、板垣がとめるのを振り切って佐賀に旅立つのである。同行をうながされた副島は、板垣に説得されて東京にとどまる。若くして郷里弘道館に学び副島の兄の枝吉神陽の主導のもと、ともに「義祭同盟」を結成して楠公父子をまつって以来の友であった副島と江藤の、これが人生の分かれ道であった。

郷里佐賀に向かった段階で、江藤にどれほどの「謀反」の意思があったのかは明瞭ではない。しかし江藤は郷里の征韓党や憂国党の面々を説得することはできなかった。いわゆる佐賀の乱の勃発である。事態は急進展をみせる。江藤は大久保利通の号令によって追討され、三月二十八日に捕縛されて、四月十三日に、同月五日に設置されたばかりの佐賀裁判所において、一方的な裁判がなされた結果、梟首（さらし首）という苛烈な刑に処せられて即日執行され、四〇歳の生を終えた。

当時の司法制度でも、府県裁判所には単独で死刑判決を出す権限はなかったのであり（毛利敏彦『江藤新平』）、大久保は三条太政大臣から「但死刑と雖も臨機処分の事」というまでの全権委任を受けていたというが、後年福澤諭吉が「断じて江藤を殺して之を疑わず、しかのみならず此の犯罪の巨魁を捕えて更に公然裁判もなく、其の場所に於て刑に処したるは、之れを刑と云うべからず。其の実は戦場にて討ち取りたるものの如し。丁重なる政府の体裁に於て大なる欠典と云うべし」（『丁丑公論』）と痛烈に批判した処刑であった。実はこれが、ボワソナードをめぐる明治政府の指導者たちの、数奇な運命の始まりでもあったのである。

なお、大木はボワソナード来日の二〇日ほど前に司法卿に就任したわけで、混乱もあってかボワソナードへの業務指示の対応は少し後回しになったようである（大久保泰甫『ボワソナードと国際法』）。

清国交渉と大久保利通の信任

みずからを招聘した人物である江藤新平が一八七四(明治七)年四月に処刑された、その年の八月に、ボワソナードは、その江藤を処刑した大久保利通の随行者として長崎を出発し清国へ向かうことになる。

来日したボワソナードは、後述するように、まずは司法省での法学教育に手をそめようとしていた。そのなかで、一八七四年五月に起こった台湾出兵(いわゆる征台の役)をめぐり、開戦の危機にまでいたった清国との外交交渉のため、来日してまだ九カ月の同年八月六日に、参議兼内務卿大久保利通(全権弁理大臣)の随行顧問として清国へ出発することとなったのである。ただしこれはあくまでも大久保個人のアドバイザーとしての随行▲であって、いろいろと意見を求められて具申をしているが、正式な外交交渉のメンバーになったわけではない(大久保『ボワソナードと国際法』)。

一八七四年の台湾出兵は、明治政府の最初の海外派兵であり、七一(明治四)年に、台湾に漂着した琉球漁民が現地の少数民族によって殺害された事件を理由に、日本政府が西郷従道の率いる征討軍を派遣して(実際、大久保らは出兵

▼**私的随行**　事実、当時の公式外交記録には、ボワソナードの名前は、随員名簿を含めて一切存在しない(『大日本外交文書』第七巻)。随員名簿末尾に「弁理大臣各色随従　統共計拾名」とあるうちの一人に数えられていたと思われる。

大久保利通

『勃氏趣旨書』

に反対だったが、西郷は長崎まで来た大久保の説得を聞かず出兵したといわれる）、結局清国から償金を出させたというものであるが、これには当時の琉球の帰属問題が絡んでいた。交渉は難航するが、両国は、同年十月、北京駐在のイギリス公使ウェードの仲介によって妥協を成立させ、清国が日本の出兵を「保民義挙」と認め、償金計五〇万両を支払うという結論で妥結するのであるが、その和解書の文面から、日本は清国が琉球を日本の領土と認めたとして、琉球併合を推し進めることになったのである。

　ボワソナードはこの北京における外交交渉のアドバイザーとして、清国に向かう船中から大久保の諮問を受け、万国公法（国際法）の理論を駆使して活躍をしたわけである。さきに述べたように、ボワソナードは大久保利通の個人的な顧問としての随行であったから、そのアドバイスは正式な外交文書上にはまったく残っていない。ただ彼がその随行期間中に大久保に提出した仏文の覚書一九通は、『勃氏趣旨書』と題されて、皮革装の二冊本として国立公文書館に所蔵されていた。なお筆跡は自筆ではなく、日本人が原本から筆写したものと推定されている。これを発見した大久保泰甫が、近年その内容と実際の外交文書に

名村泰蔵

あらわれた交渉過程を対比検証して詳細な研究書をまとめ、ボワソナードの働きの大きさがはじめて明らかになった(大久保『ボワソナードと国際法』)。

実際、一八七四年八月六日に横浜港を出て、上海(シャンハイ)などを経由して九月十二日に北京に到着するまでに大久保の日記にはすでに八回にわたってボワソナードの名前が記されている。そこに出てくる「名村訳官」すなわち正式随員の一名として参加しボワソナードの通訳・翻訳にあたった、司法七等行走・名村泰蔵の奮迅の働きも思うべきであろう。パリでボワソナードの最初の講義を聴いた一人であり、ボワソナードの来日の船に同乗し、来日後もボワソナードが便宜のために同居を願い出たという名村である。前掲『勃氏趣旨書』の整理収録にも彼がなんらかの働きをしていたことと思われる。

ちなみに、この大久保のボワソナードを顧問としての周到な準備は、おそらくは最初の日米条約改正交渉時の苦い記憶があったからではないかと思われる。一八七一(明治四)年十二月に岩倉遣欧使節団はサンフランシスコに到着し、年が明けてワシントンに入って条約改正交渉を始めようとしたところで、全権委任状の不携行が明らかになって交渉は頓挫(とんざ)し、やむなく大久保と伊藤博文が委任状をとりに一時帰国するというお粗末な次第となった。しかも使節団は結局条約改正交渉を断念し、とりに戻った全権委任状も役に立たなかった。大久保が外交ルールや万国公法に暗いことの不都合を強く思い知ったのは想像にかたくない。

　この大久保の顧問（いわば参謀）としての国際法に関する助言の業務は、ボワソナードにとっては、おそらく想定外の業務ではなかったかと思われるのであるが、ここでボワソナードはおおいにその役割を果たし、わが国にとってかなり有意義な交渉結果を実現させることになった。彼はここで大久保の大きな信頼を勝ちえたのである。▲

　ボワソナードにとっても、激動の明治初年にあって、みずからを招聘した法典編纂のリーダーを来日直後に失いながら、その江藤を処刑した新しい指導者大久保の信頼と厚遇をただちにえたことは、何よりの幸運であり、当初三年しか滞日せず帰国しようと思っていたと後日手紙に書いているボワソナードに（大久保『ボワソナードと国際法』）、その後二二年の滞日を経験させる礎（いしずえ）になったのではないかと思われる。

▼**叙勲**　ボワソナードの最初の叙勲は、この対清交渉の成功への貢献によるものであった。一八七六（明治九）年四月六日に勲二等旭日重光章を受けている（本書扉写真はそれを佩用したものと思われる）。なおその後帰国前の一八九五（明治二十八）年三月四日に勲一等瑞宝章を受け、逝去前年の一九〇九（明治四十二）年四月十六日には勲一等旭日大綬章を受けた（澤護『お雇いフランス人の研究』）。

実際、どれだけの大久保の差配があったのかは不明であるが、来日直後は司法省の敷地内に居住していたというボワソナードは、その後、麹町区三年町にある大久保邸の道路を隔てた直近の場所（永田町一丁目五番地、旧薩摩藩士邸だったところという）に住居を構えた。ボワソナードが大久保邸によく来訪していたという、大久保の次男牧野伸顕の述懐が残っている（大久保『ボワソナードと国際法』）。

ジョルジュ・ブスケ

②—多彩な活躍の開始

ボワソナードと法学教育

わが国の法曹界の礎をつくる人材を育てる法学教育に携わることは、ボワソナードの当初からの主要な任務の一つであり、契約時に口頭で話しあい、来日の翌年に契約書を交わしていた。以下は手塚豊「司法省法学校小史」(『明治法学教育史の研究』所収)の記述を中心にして紹介したい。

わが国の法曹養成のための法学教育は、司法省のなかにおかれた明法寮に始まり、そこから、司法省の法学校につながる。したがって、明治の初期にはいわゆる官学の東京大学での法学教育は後発となってふるわず、のちになって司法省の法曹教育を東京大学が吸収する形となった。これに加えて、裁判官や代言人(弁護士)の養成をめざして多数の私立法学校ができるという状況になる。

それゆえ、ボワソナードが来日した段階で、司法省の法学教育はすでにフランス人弁護士の司法省御雇法学教師ジョルジュ・ブスケによって始められていた。司法省内に官制の法律人材養成機関としての「明法寮」が設置されたのが一八七一(明治四)年九月二十七日である。ブスケの契約は、一八七二(明治五)年一月十二日(一八七一年十二月三日)、来日は七二年二月である(手塚「司法省法学校小史」)。またその通訳役としては、同じくフランス人で、一八六六(慶応二)年に幕府が招聘したフランス将校団の一人として来日したデュ＝ブスケがいた(手塚豊『明治法学教育史の研究』『明治民法史の研究(上)』)。

そしてここでも江藤新平のリーダーシップが発揮されていた。江藤は司法卿に就任した翌月の一八七二年五月に、生徒定員一〇〇人の学校を明法寮に設けることを決定し、ブスケ以外に、語学教師リベロールと、通訳ガリーの二人のフランス人も雇い入れている。実際には太政官がこの司法省からの伺出を大幅に縮小して、明法寮の学校は定員二〇人で同年七月五日に開校の運びとなった。

それゆえ明法寮の法学教育は、一八七二年からブスケを主任教師として開始されていたわけで、ボワソナード来日後は、当初は役割分担などをめぐってボワソナードとブスケのあいだに若干の確執があったようである。また、ブスケに教わっていた最初期の受講生にとっては、ボワソナードの講義はレヴェルが

加太邦憲

高く、またつぎつぎに話が広がっていくので、ブスケの講義よりもついていくのが大変だったようである(加太邦憲の述懐がある)。

しかしまもなくボワソナードとブスケは和解し、講義の役割分担なども取り決められる。この段階で民法の家族法部分はブスケが担当しボワソナードが担当しないことになったということにも留意しておきたい。この和解には、さきに雇い入れられ、通訳をしていたガリーが仲介にあたったが、ガリーはボワソナードの態度に反感をいだいていたようで、その意見書でボワソナードに権限をあたえることに反対した。そのためもあってか、あるいは外国人に組織の長をまかせることが避けられたためか、さらにはブスケに対する配慮もあってか、校長の職は設けられなかった(手塚「司法省法学校小史」)。

こうして、ようやく、ボワソナード来日の翌年の一八七四(明治七)年四月から、ボワソナードとブスケが担当する法律学専門の授業が開始されることになった。その時点で語学教師リベロールは退職、帰国した。四月四日に補充生徒四人が任命され、この段階で「明法寮生徒」は一八人となったが、うち三人は前後して退学したので、一五人が、四月九日のボワソナードの第一回講義を受講することになるのである（手塚「司法省法学校小史」）。このボワソナードの最初の一連の講義が、のちに井上操筆記『性法講義』（自然法講義）として出版されることになる。

なお、明法寮は一八七五（明治八）年五月に廃止され、司法省の法学校に引き継がれる（なお「法学校」の名称が正式に法務省の職制に定められるのは一八七七〈明治十〉年のことである）。そして、これまでの法学生徒一五人のうち七人がフランス留学に出されることになる。木下広次、熊野敏三、井上正一、磯部四郎、栗塚省吾、関口豊、岡村誠一の七人である。▲

明法寮から引き継いだ学生を含め、司法省法学校の正則科一期生は、一八七六（明治九）年七月に修業となり、同八月、宮城浩蔵、小倉久、岸本辰雄が三年間のフランス留学、木下哲三郎、井上操、高木豊三ら一〇人が司法省出仕となる（加太邦憲はさきに七月に出仕）。杉村虎一ら六人は採用されなかった。いずれにしても、この二〇人と、さきに留学に出て無事帰国した熊野、磯部ら五人に対しては、のちに一八八四（明治十七）年に法律学士の称号が授与される。

また、第二期生の募集も、明法寮の生徒が本省に引き継がれた直後の一八七

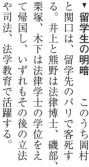

▼**留学生の明暗**　このうち岡村と関口は、留学先のパリで客死する。井上と熊野は法律博士、磯部、栗塚、木下は法律学士の学位をえて帰国し、いずれもその後の立法や司法、法学教育で活躍する。

岸本辰雄

五年六月に司法卿大木喬任(おおきたかとう)によって企画され、以後本科生(正則科生)は四期まで続くことになる。

ブスケは一八七六年三月に帰国したので、その後の司法省法学校のいわゆる法律専門科目の授業は、もっぱらボワソナードが担当したと思われる(その後一八七九〈明治十二〉年十一月にフランスの法律博士ジョルジュ・アッペールが専任法学校教師として来任し、それ以降はボワソナードの講義担当は減るようである)。そしてこの間ボワソナードは、自己の草案の講義だけでなく、フランス民事法について、契約法、訴訟法、証拠法などの講義を行っている。

さらに司法省法学校では、修了年限八年の正則科に加え、年限二年の速成科も開き、ボワソナードはそちらでも通訳付きで教えたようである(手塚「司法省法学校小史」)。また速成科では、一八七九年四月から、フランス留学から帰国したばかりの磯部四郎が教師に加わっている。

なお、司法省の法学教育は、その後文部省に移管される方向となる。一八八四年十二月に文部省直轄の東京法学校(私学の東京法学校とは別)というものができ、正則科は司法省からそちらに移管される。東京法学校は加太邦憲が校長心得となり、アッペール、熊野敏三、梅謙次郎らが教員となる。ボワソナードの名前はない。そして、この東京法学校は一八八五(明治十八)年九月に東京大学法学部に合併されるのである。▲いわば東京大学への移管に東京法学校を挟んだ形であるが、この理由はつまびらかになっていない(手塚「司法省法学校小史」)。その後、速成科の最後の卒業式が一八八七(明治二十)年十月に行われ、司法省法学校は一五年の歴史を閉じることになる。

こうして、司法省法学校からは多くのボワソナード門下生が育ち、その後の旧民法典編纂作業でも、ボワソナードが起草を担当しなかった人事編と財産取得編の一部(今でいう親族法・相続法)の部分は、ほとんどが明法寮以来のフランス法を学んだ日本人委員が起草にあたることになる(池田真朗『ボワソナードとその民法』〈増補完結版〉)。

なお、司法省法学校は、正則科四期、速成科三期までで終り、その後は東京大学(一八九七〈明治三十〉年から東京帝国大学)に吸収されたのだが、司法省法学校の教育は大いにその効をあげた。多数の勅任司法官を輩出したのをはじめ、▲その他、中退者を含めて教育界、政財界をみれば、京都帝国大学総長木下広次、

▼帝国大学での講義　なおボワソナードは後年東京大学の講師にもなる(一八九〇〈明治二十三〉年から。当時の名称は帝国大学法科大学)。しかし翌年一八九一(明治二十四)年の法典論争(本文後述)の際には、学生からの講義廃止意見もあったようである(七戸克彦「外伝17ボワソナード」)。一九〇二(明治三十五)年には東京帝国大学名誉教師の称号を受けている。

▼司法省の法学教育の成果　手塚豊の集計によれば、司法省法学校閉校後一五年たった一九〇二(明治三十五)年の数字では、勅任司法官(大審院判事、大審院検事、控訴院長、同判事、控訴院検事長、地方裁判所長、地方裁判所検事正)全五二人のうち、学歴をもたない特進組二三人を除いては、法学校正則科出身者が五人を数え、速成科出身者が二〇人、東京帝国大学出身者は四人にすぎない(手塚豊『明治法学教育史の研究』)。

明治大学校長岸本辰雄、特命全権大使杉村虎一（以上正則一期）、内閣総理大臣原敬（正則二期中退）、東京大学教授寺尾亨・梅謙次郎（以上正則二期）、日銀総裁水町袈裟六、明治大学学長木下友三郎（以上正則三期）、内閣総理大臣若槻礼次郎、京都大学教授岡村司・織田萬・勝本勘三郎（以上正則四期）、枢密院議長倉富勇三郎（速成一期）など、文字どおり多士済々である（手塚「司法省法学校小史」）。

またボワソナードは、やがてフランス法系の私立法学校でも教鞭をとるようになる。そのなかでも中心的に関与していた東京法学校（のちの和仏法律学校、現在の法政大学）では、教頭として遇されていた。現在の法政大学市ケ谷キャンパスの高層校舎がボアソナード・タワーと命名されている所以である。

来日当初は必ずしも講義上手でなかったように思われるボワソナードだが、公立・私立の法学校で多数の法曹人材を育てた功績は、多大なものがあるといえよう。後年は学生たちとも親密な関係を築いたようで、日頃質素な生活だったボワソナードが、東京法学校の卒業生を招いて祝宴を開いたことなども伝えられている（高木益太郎談▲）。

ちなみに、当時、法曹養成を第一義の目的とせずに設立された私立法学校は、

▼**高木益太郎**　一八六九〜一九二九。ボワソナードが教鞭をとった東京法学校（現法政大学）を卒業して代言人となり、『法律新聞』を創刊した。衆議院議員もつとめる。

のちに称される九大私立法学校のなかでもっとも後発の一校である、慶應義塾大学部のみであった。福澤諭吉は旧民法典が公布されたその年一八九〇(明治二十三)年に、大学部を開設して、ハーバード大学から三人の主任教授を迎えて理財、文学、法律の三科をおき、そのうち法律科ではジョン・ヘンリー・ウィグモアを迎えて英語でイギリス法を教授させた▲(池田眞朗「日本法学教育史再考」)。ウィグモア(帰国後ノースウエスタン大学教授)については、またのちに登場してもらうことになる。

いずれにしても、この法学教育関係は、後日ボワソナードがもっとも後悔なく自己評価できる事業となった。彼は、一八八九(明治二十二)年に一時帰国する際の東京法学校送別会で、「此事に付ては、其効果を永遠に遺すものなれば、予の最も愉快を感ずる処なり」と述べている(『京都日報』)。

ボワソナードと拷問廃止の建白

ボワソナードは正義の人、義憤の人だった。ボワソナードの在日中の出来事として、もっとも広く伝えられているのが、彼が刑事犯拷問の現場を目撃して

▼**孤高の法学校**　慶應義塾の大学部法律科では、入試科目も一〇科目という多数が課され、授業料は他の私立法学校の三倍ということで、入学者もごく少数にとどまっていたという記録がある(岩谷十郎「ウィグモアの法律学校」)。

司法省

▼**司法省と東京駅**　内田宗治『明治大正凸凹地図』によると、当時の司法省の位置は、東京駅赤煉瓦駅舎南ドーム前と措定されている。

拷問廃止を訴えたことであろう。この件はさまざまな書物に記載があるが、大久保泰甫の前掲『日本近代法の父　ボワソナアド』や、それに先立つ手塚豊の諸研究などから引用したい。この事件を直接見聞した杉村虎一（当時明法寮生徒、のちにドイツ特命全権大使）からの聞書きを引用して記述されている。

ボワソナードが来日してまだ一年半、一八七五（明治八）年四月のことである。当時司法省は現在の霞が関ではなく、旧鳥取藩邸跡、現在の東京駅の駅舎のある場所にあったという。▲司法省と大審院の北隣が上等裁判所で南隣が東京裁判所であり、司法省の裏手が元の北町奉行所跡で当時は牢になっており、その北側に明法寮（司法省の法学校）があるという位置関係であった。当時ボワソナードの住まいは、その司法省などの敷地のなかにあったという。

ある日ボワソナードが自宅を出て明法寮に講義にいく途中、上等裁判所にさしかかると、裁判所のなかからヒーヒーと人の悲鳴が聞こえてきた。何事かと思って見にいくと、犯罪者と思われる男を角のある横木の上に座らせ、大きな石を三、四枚もだかせて何か訊問しているところだったという。これを目撃したボワソナードは、あまりのことに驚き、泣きだして、とおりがかった大判事

大審院　1877(明治10)年竣工。

東京控訴裁判所(旧東京上等裁判所)　1878(明治11)年竣工。

東京裁判所　1874(明治７)年竣工。

玉乃世履と名村泰蔵に訴えたのだという。

ボワソナードはその日帰宅すると、ただちに司法卿に拷問廃止を求める書簡を書いた(手塚豊「明治初年の拷問制度」『明治初期刑法史の研究』所収)。これが一八七五年四月十五日付のボワソナードの書簡であり、同年五月二十日に長文の拷問廃止の建白書が司法卿に提出される。

これに対して政府は、五月二十日の建白書提出を待たず、ただちに正院の政体取調掛に指示して、拷問廃止の検討を命じた(手塚豊「井上毅の拷問廃止意見とボアソナードの井上宛書簡」『明治刑法史の研究(下)』所収)。この法律案づくりを担当したのが井上毅で、井上はいろいろボワソナードに問いながら複数の法律案を起草する。しかし元老院に提出した二本は審議未了で廃案となるが、翌年になって元老院は、ようやく、議官陸奥宗光の提出した改定律例改正案を可決する。ただこれは「断罪依証律」というもので、自白証書がなくても他の証拠から判決ができるという内容であって、拷問廃止を正面から認めたものではない▲(大久保『ボワソナアド』)。これを受けて司法省は、「断罪証拠」の一覧を司法省達として大審院以下の裁判所や各県に発した。

▼**拷問廃止法案の推移**　それまでは口供結案といって、断罪には必ず自白を必要としていたのを改め、間接的に拷問を減らそうとしたもので、手塚豊は、元老院のなかの拷問全面廃止に対する時期尚早論に配慮したものと推測している(手塚『明治初期刑法史の研究』)。

これによって拷問は著しく減ったとされるが、拷問が正式に廃止されるのは、一八七九（明治十二）年十月八日の太政官布告第四二号によってである。しかし実際には被告人への暴行などがなお行われる例もあったようである（大久保が掲げる『井上毅傳』史料篇第二は、一八八九〈明治二十二〉年頃の例を示す）。

いずれにしても、ボワソナードの拷問廃止の建白は、お雇い外国人としては、職務の範囲ということからすれば無視してもよかったもので、実際、司法省法学教師ブスケは、帰仏後の著書で、日本の仮借なく野蛮な処刑のようすを書いているが、在任中なんの行動に移してもいない。杉村虎一は、「何うしてそう迄他国の為めに尽す事が出来よう！　是れ全く、ボワソナード氏が赤誠の人であったから」と書いている（大久保『ボワソナアド』）。

ボワソナードと刑法・治罪法の起草

そしてボワソナードの法典起草作業は、まず刑法と治罪法（刑事訴訟法）▲から始まった。彼の後日の民法草案の註釈書はしがきによると、一八七四（明治七）年にこの二つの刑事法典の草案起草を付託され、七九（同十二）年にほぼ終了し

▼**治罪法とは**　後述するように「治罪法」は当時のフランス法のCode d'instruction criminelleの訳であり、内容は現在の刑事訴訟法である。

たという。具体的な起草時期は、刑法典については一八七六(明治九)年から翌七七(同十)年七月で、日本で最初に罪刑法定主義を規定した彼の刑法典草案は、七七年八月に司法卿から元老院に提出されている。治罪法典については同年七月から翌一八七八(明治十一)年末の起草とされる(彼の草案註釈書のなかに起草日程の記載がある)。

そして両法典は、それらボワソナードの草案を土台として審議され、いずれも一八八〇(明治十三)年七月に公布され、八二(同十五)年一月一日から施行された。刑法典はその後約二六年間実定法として世に行われるのである。

もっとも、この刑事二法典は、その評価と後代への影響という二点において、ボワソナードの最大の立法業績である旧民法典と奇妙なパラドックスを示しているようにみえる。

つまり、この刑事二法典の起草は、民法典以上に、わが国の固有法と完全に断絶した立法であった。というのは、わが国では明治維新後、民法がすぐに近代西欧法(フランス民法典)の導入に向かったのに対して、刑事では、仮刑律(一八六八〈明治元〉年、公布・施行にはいたらず)→新律綱領(一八七〇〈明治三〉年公布・

施行)→改定律例(一八七三〈明治六〉年)という、いずれも中国の明清時代の律令刑法を範とし、幕府時代の刑事規範など、わが国古来の法的伝統にも立脚した、古色蒼然たる立法が繰り返されていたのである。したがって、ボワソナードの旧刑法は、罪刑法定主義など、文字どおり近代刑法の基本をこの国に導入する役割を担うことになったのである。

その意味では、非常に大きな意義をもつ立法となったのではあるが、一八八二年一月一日に施行されてから、現行刑法が施行される一九〇八(明治四十一)年一月一日まで、二六年間効力を有したものの、ボワソナードの貢献は後世に継承されなかった。現行刑法がとくにドイツの刑法や近代学派の刑法理論の影響を受けて編纂されたために、そこで法理論上の断絶が生じ、その後は学問的にも刑事法分野ではドイツ法学一辺倒という状況が生じたのである。

しかし、現在の刑法用語の大部分は、この旧刑法の段階でフランス語からの翻訳としてつくりだされたものであるし、実質的に現行刑法に残った旧刑法の条文も多いことが一部の刑法学者によって論じられている(西原春夫らによる資料集『日本立法資料全集』がある)。

▼**改定律例までの後進性**　「比附援引」「不応為律」にみられるように、罪刑法定主義の確立した近代刑法にはあってはならない、類推適用や該当する条文なしの処罰や遡及効を認めるなどの内容(つまり、行為のあとから恣意的に罰することが可能になってしまう)であった。

▼**ボワソナード旧刑法典の内容**　第二条に罪刑法定主義の原則を規定する。また、犯罪を重罪・軽罪・違警罪に三分類したうえで、現行刑法とほぼ同様の刑罰を採用している。ただし、重罪に対して徒刑や流刑などを残している点では前近代的な性格がみられる。

なおボワソナード自身は、後日この刑事法典の草案（内容的には一八一〇年のフランス刑法典を中心にほかの外国法も参照している）をみずからの大きな業績と位置づけてはいるが、最終的に成案となった刑法典の内容には、審議段階での多数の修正もあり、まったく満足していなかったようである。ボワソナードはその後、改正草案とその註釈▲も著し、後日、「余の起稿したる刑法治罪法は大いに毀壊せられ、殆ど余が起案の趣旨をして消滅せしむるに至らしめたればなり」と述べている（『東京法学会雑誌』）。

「治罪法」とボワソナードの「刑事訴訟法」

治罪法のほうは、一八八〇（明治十三）年に制定され、八二（同十五）年一月一日に旧刑法とともに施行された。それまでの法庭規則が一三カ条、断獄則例が二六カ条しかなかったのに対し、四八〇カ条からなる、フランス治罪法を範とした、わが国最初の近代刑事訴訟法典である。なお、ボワソナードは彼の草案では陪審制▲の採用を提案していたのであるが、これは結局採用されなかった。この点は、今日のわが国の裁判員制度採用をある意味で先取りしていたといえ

▼ボワソナードの刑法改正草案
ボワソナードは、一八八〇（明治十三）年公布の刑法典において、みずからの原案に多数の修正や削除があったことに大いに不満で、山田顕義司法大臣から註釈書執筆を求められた機会に、仏文一三六〇ページにおよぶ改正草案とその註釈を著して再論を試みている（一八八六年出版のBoissonade, Projet Révisé de Code Pénal pour l'Empire du Japon, accompagné d'un commentaire）。その評価は、復刻版に付された松尾浩也（当時東京大学教授）の解題に適切に示されている。旧草案に約一〇〇条を追加し（施行中の刑法典に比べると約一五〇条の増加）、外国法典の参照は、フランス法のほか、イタリア法を主とし、ベルギー法、ドイツ法などにおよんで、当時としては最新の法律ないし法案を引用している。日本政府も施行直後から改正に意欲を示していたのだ

る。また、この治罪法によって、代言人によるいわゆる刑事弁護制度が確立された。自由心証主義や上訴制度もここで定められている。ただ、裁判所制度の改革などにより、改正の必要が生じて、一八九〇(明治二十三)年に、新しい刑事訴訟法の施行によって廃止された。この間八年間実施されたことになる。

　この明治刑事訴訟法では若干ドイツ法が加味されたが、考え方の基本は治罪法から引き継いでおり、その後、一九二二(大正十一)年に制定された大正刑事訴訟法によって、多くの修正を受けるまで、治罪法の基本思想は続いていたという評価がなされている(垂水克己「明治大正刑事訴訟法史」、内田一郎「刑事裁判の近代化――明治初期から旧刑訴まで」)。

　ただ、この治罪法典については、ボワソナードのためにも、その名称から説明しておく必要があろう。ボワソナードのこの草案はこれまで「治罪法草案」と訳されており、この草案をもとに一八八〇年に太政官布告三七号として公布され八二年から施行された法律の名称も「治罪法」であったのだが、その訳語はボワソナードにとってははなはだ不本意なものであったと思われるのである。

　というのは、中村義孝によれば、治罪法という名称は、一八七五(明治八)年

が、一八九〇(明治二十三)年の改正法案が翌年の帝国議会で審議未了となるなど、結局一九〇七(明治四十)年のドイツ法の影響を受けた現行刑法成立まで、改正は実現しなかった。

▼**陪審制**　刑事訴訟や民事訴訟の審理に際して、民間から無作為で選ばれた陪審員によって構成される、裁判官を含まない合議体(陪審)が評決を行う司法制度。陪審は、刑事事件では原則として被告人の有罪・無罪について、民事事件では被告の責任の有無や損害賠償額などについて判断する。現在はおもに英米法の諸国で活用されている。なお、二〇〇九(平成二十一)年に開始された日本の裁判員制度は、厳密な意味では陪審制とは異なり、大陸法系の参審制(民間人と裁判官が協力する)にならうものである。

に、権大内史箕作麟祥がフランスの一八〇八年のCode d'instruction criminelleの翻訳で使って以来のものなのだが、この名称について、ボワソナード自身、草案の序の解説で次のように述べている。「Code d'instruction criminelle（治罪法典）というのは非公開での刑事裁判手続を定めていた古い法の名称としては正しかったが、フランスで批判の対象となっていた。この法典草案は裁判官の恣意を防ぐための手続を採用しているのだから、日本でフランスと同様の非難を受けないようにとの配慮から、Code de procédure criminelle（刑事訴訟法典）という名称を使った」というのである（中村義孝「ボアソナード刑事訴訟法典草案」）。

つまり、ボワソナードは確固たる理由があって「刑事訴訟法典」と訳すべき名称の法典草案を作成したのであるが（実際、原文はProjet de Code de procédure criminelle pour l'Empire du Japonである）、それが旧態依然とした治罪法典と訳されてしまったというわけである。▲ここで一つボワソナードの改新の試みが実らなかったことになる。

いずれにしても、このボワソナードが起草した治罪法典は、裁判所制度の改

▼「治罪」の意味　そもそもprocédure criminelleならば刑事「訴訟手続」の意味になるが、「治罪instruction criminelle」では、犯罪者を罪に処し矯正するというニュアンスになる。

変による改正の必要が生じたこともあって、八年の短命で終った。そしてその訳称のゆえもあってか、ボワソナードが刑法典と刑事訴訟法典をセットで起草したという事実自体が、一般には十分に理解されていないように思われる。

ちなみにこのボワソナード刑事訴訟法草案の最大の特徴は、さきにも述べた陪審制の採用であった。中村は、「わが国における古い裁判制度と較べてこの草案の最も大きな革新は、ボワソナード自身が序で述べているように、重罪の裁判に陪審を導入することであった。この刑事訴訟法典(治罪法典)を日本に居住する外国人にも適用するためには、法典を諸外国の法律の水準にしなければならず、治外法権撤廃のためにも陪審の導入は必要である、とボワソナードは主張している」と述べている(中村「ボアソナード刑事訴訟法典草案」)。しかし結局、ボワソナードが熱望していた陪審制度▲は、できあがった治罪法典には採用されなかった(これには、井上毅の反対もあったとされる▲)。

ちなみにわが国では陪審法案はその後加藤友三郎内閣の時の一九二三(大正十二)年にようやく成立した。そして一九二八(昭和三)年から四三(同十八)年まで施行されたのだが、しかし四三年に停止され、第二次世界大戦後にも復活さ

▼ガンベ・グロスの貢献と悲劇　警視庁お雇いのガンベ・グロス(Gambet Gross)は、ボワソナードが治罪法起草中の一八七六(明治九)年から七八(同十一)年に警視庁でフランス治罪法の講義をし、立法の必要性を啓蒙し、ことに陪審制の必要を説いた(澤護『お雇いフランス人の研究』)。その後フランス刑法も講じた彼は、一八八一(明治十四年)十一月の帰国直前に病をえて急逝。青山墓地で、彼を雇い入れた大警視川路利良の側に眠る。葬儀ではボワソナードが哀切の弔辞を述べた。

▼井上毅と「民意」　井上毅は、後日の議会開設などに対する態度をみても、いわゆる「市民参加」を非常に警戒し、反対する立場をとる。民論形成に影響力の大きかった福澤諭吉を異常なまでに敵視・警戒していたという研究も多い。

れないまま、やっと二〇〇四(平成十六)年に「裁判員の参加する刑事裁判に関する法律」が制定され、いわゆる裁判員裁判が〇九(同二十一)年から施行されることになった。

大久保利通の暗殺とボワソナード

さきにも述べたように、ボワソナードは来日からまもない一八七四(明治七)年の清国との外交交渉以来、大久保利通(おおくぼとしみち)の信頼と厚遇を受けていた。のちに岸本辰雄は、「氏は大久保内務卿の顧問をしていたぐらいだから卿らは非常に信用が厚かった」と述べているが、住居も至近でよく行き来もしていた両者の蜜月は、しかし四年ほどで突然の終焉を迎える。

一八七八(明治十一)年五月、大久保の政治的地位はゆるぎないものになり、その威風は政府全体を圧倒していた(勝田孫弥『甲東逸話』、笠原英彦『大久保利通』ほか)。当時大久保は、地方の殖産(しょくさん)と華士族(かしぞく)の授産事業に力を入れており、その関係もあってか、五月十四日朝は、福島県権令山吉盛典(ごんれいやまよしもりのり)の帰県にあたっての訪問を受ける。大久保は山吉に対して、明治維新を三期に分け、一八七八年か

大久保利通哀悼碑(千代田区清水谷公園内)

ら八七(明治二十)年の第二期を、「尤モ肝要ナル時間ニシテ内治ヲ整ヒ民産ヲ殖スル」時期とし、「十分ニ内務ノ職ヲ尽サンコトヲ決心セリ」と熱意を示した(『大久保利通文書』第九)。その後宮中参内のため、いつものとおり麹町区三年町の邸宅(現在の衆議院第二別館のあたり)から赤坂仮御所(現在の赤坂御用地)に馬車で向かった。その途中の紀尾井町清水谷で、待ち伏せた島田一郎ら暗殺者に斬りかかられ、絶命する。享年四七歳であった。

「ここに維新政治は幕を閉じた」(笠原『大久保利通』)と表現されるほどの大事件であった。そしてボワソナードは、自分を招聘した江藤新平に続いて、その江藤を処刑して政府の中心人物となり自分の最大の庇護者となった大久保利通を失ったのである。

もっとも、お雇い外国人としてのボワソナードの業務には変化はなかった。翌年からは、司法卿大木喬任の指揮のもと、ボワソナードはいよいよ民法典の起草に着手するのである。しかし、この大久保の暗殺は、のちの法典論争の伏線となる。振り返ってみれば、ボワソナードの運命はここで大きく変わっていた。

大木喬任

③—最盛期——民法編纂と条約改正

ボワソナードと民法編纂の開始

ボワソナードが司法卿大木喬任から民法草案起草の正式付託を受けたのは一八七九(明治十二)年三月である(池田真朗『ボワソナードとその民法』(増補完結版))。ここから、一〇年がかりになる彼の最大の仕事が始まった。

ボワソナードが最初の日本側への解説講義で提示したのは、フランス民法型の、最初に人事編(親族法)をおく、インスティチューティオネン・システムと呼ばれる編成であった。これに対して、江藤新平の時代からの試行錯誤ですでに親族法の一部について立法案をつくったりしていた日本政府は、親族法・相続法の部分は各国の慣習によるものとしてボワソナードに起草依頼をせず、日本人委員が起草することになる。またボワソナードも同意見で、ボワソナードは財産編(今日のいわゆる物権法と債権法総論)から起草を始めるのである(この間の経緯は池田『ボワソナードとその民法』(増補完結版))。

この民法編纂を責任者としてリードしたのは、大木喬任であった。朋友江藤のあとを継いで司法卿となった大木は、一八八〇(明治十三)年二月に司法卿を辞任して参議専任となり(後任の司法卿は田中不二麿)、かつ太政官法制部主管となる(ほかに元老院議長も兼任)。そして、ボワソナードについても、司法省から太政官に雇換えとするのである(雇換契約は四月一日付)。こうして、大木は参議法制部主管として民法編纂のイニシアチブをとり、四月三十日付で民法編纂総裁を命ぜられ、五月に民法編纂局を組織する。この大木民法編纂局時代は、ボワソナードの草案の、第二編財産編の物権・債権の部分、および第三編財産取得編の最初の部分についての起草と翻訳の作業が中心であった(大久保泰甫＝高橋良彰『ボワソナード民法典の編纂』)。

第二編財産編から、というのは、当初、日本側は、最初に予定される人事編に五〇〇条を充て、ボワソナードの起草しはじめた草案財産編の第一条を第五〇一条と称していたからである。

ボワソナードと民法編纂の後半期

その後、実は民法編纂部署は一時期、条約改正交渉との関係で、外務省に移管される。一八八六（明治十九）年八月、外務大臣井上馨（いのうえかおる）を委員長とする法律取調委員会が発足する。これについては、従来、井上馨が、みずから諸法典の編纂を精力的に行うために法律取調委員会を設置した、という見方が多かったが、最近の有力な研究書は、法律取調委員会の設置は、日本側の主体的な独立した判断によるものであったというよりも、むしろ実は、制定されるべき諸法律のシステムを、一人の大臣の指揮下で同質的なものにすべきという、「列強側の指摘と要請を受けての決定であった」とみている（大久保＝高橋『ボワソナード民法典の編纂』）。

もとより、わが国の近代法整備は、安政（あんせい）期に結ばれた、領事裁判権などを認める不平等条約を改正するために、その前提として近代国家の実質を備えている証左として示す必要があって進められてきた側面があることは、広く認識されているところである。

しかし、この外務省が一時的に法律取調委員会を所管した時代の目立った実績は、裁判所構成法の制定・審査が行われた程度にとどまり、ボワソナードもそれらについて政府から依頼されて意見書を執筆したりしている。民法編纂作

山田顕義

業は、その間も司法省で続けられていたのかもしれないが正式な記録がない。そして翌一八八七(明治二十)年、井上の条約交渉会議が無期延期となったあとで、民法編纂は司法大臣山田顕義(やまだあきよし)の手に戻ることになる(この条約交渉についてもボワソナードがかかわるので後述する)。

ここから、民法編纂は第二期の、山田司法大臣のもとでの、財産法分野についてのボワソナード草案の審議、そして未完成の日本人委員による家族法部分の起草、という作業に移っていくのである。

したがって、司法省の法律取調委員会では、ボワソナード草案財産編の第一条を第五〇一条と称したその部分から審議が始まるのであるが、ただし最終的にできあがる旧民法典は、後述するように、全体を通し番号にはせず、財産編(第一部物権、第二部人権(債権のことである)及ヒ義務)、財産取得編、債権担保編、証拠編、人事編(民法総則の一部と親族法)という編別ごとの条文番号が付されることになる。

そのなかのボワソナードが担当した財産法の部分(財産編、財産取得編、債権担保編、証拠編)の編纂作業は、すべてボワソナードが仏文で起草し、それを翻

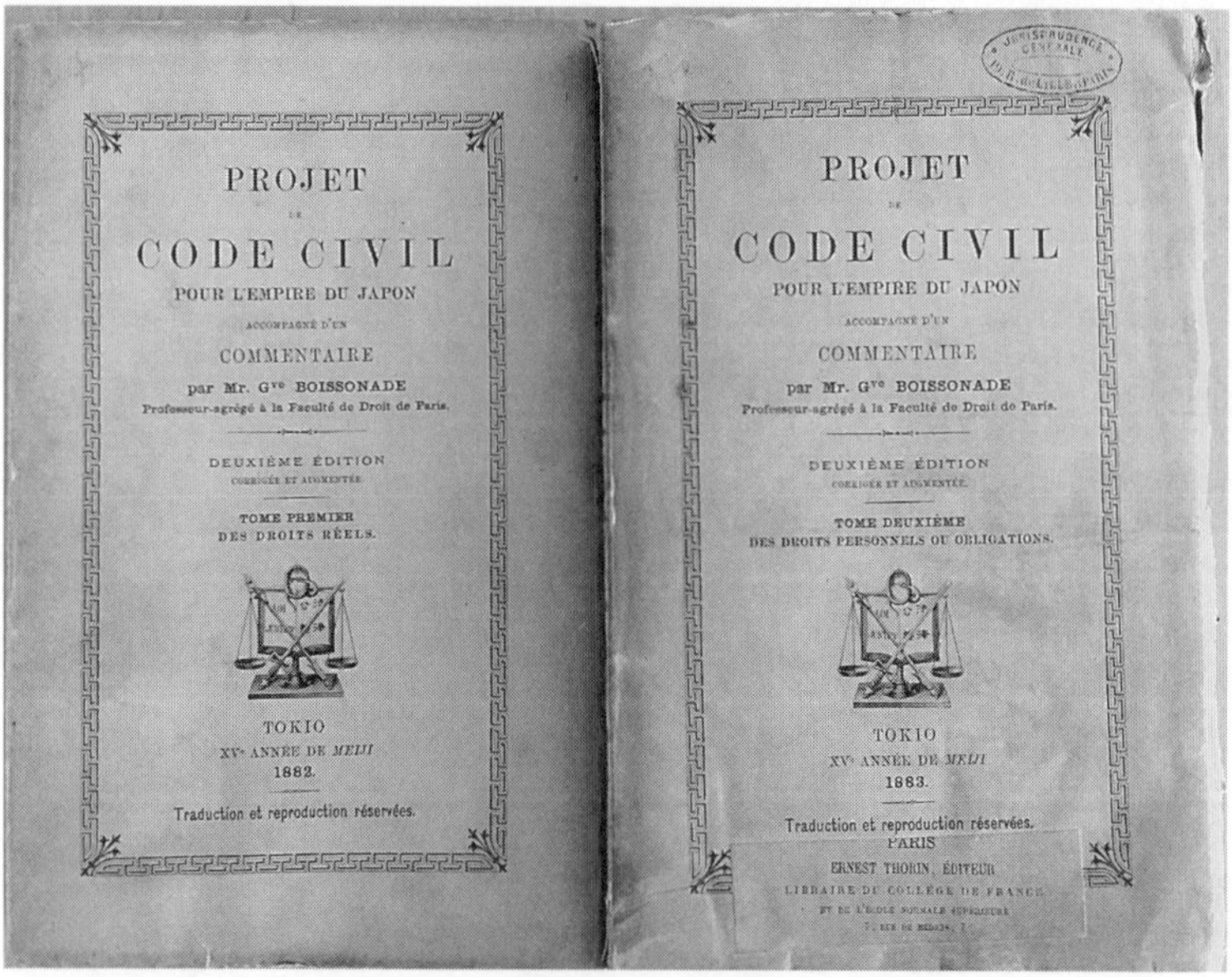

ボワソナードのプロジェ（仏文草案。註釈付，上の写真はそのうち財産編部分の2冊）とその翻訳（『再閲修正民法草案註釈』，下）

訳したものを日本人委員による取調委員会にかけて審議をするというプロセスで進行した。ボワソナードは、その仏文草案に註釈をつけた大部の書物Projet de Code civil pour l'Empire du Japon, accompagné d'un commentaireを、財産編で二冊(物権部と債権部)、財産取得編、債権担保編、証拠編で各一冊執筆し、当時日本で出版されている。▲

▼**ボワソナードの旧民法草案註釈**　ここから、ボワソナード草案の註釈書については、一般に研究者のあいだで「プロジェ」と呼ばれている。

ここからの民法編纂の進捗については、項を改めて記述しよう。

ボワソナード旧民法の基本的発想――旧民法草案(財産法部分)の特徴

ボワソナードは、自然法と条理ということを強調した。来日後最初の講義である『性法講義』と訳されたものは、Cours de droit naturelつまり「自然法講義」と名づけられた民法の入門講義であった。彼は、人間の本性に根ざした倫理的な発想を重視する一方で、万国共通の法がある、という意味で、自然法の普遍性を強調している。それには、異国の地での外国人による立法を正当化する根拠としたいという意図があったようにも思われる。

ボワソナード起草の財産法部分草案の特徴は以下のようなものである。(1)ナポレオン法典成立後の判例・学説の発展を、ベルギー、イタリアなどの議論も視野に入れて取り込んでいる。したがって、フランス民法典の修正すべき部分は積極的に修正している。その意味で、ボワソナードの旧民法草案は、当時のフランス法系の最新の議論をふまえてできている草案である。(2)さらに、ボワソナード特有の意図と個性も反映されている。ただ、この意図の部分は賛否両論で、ボワソナードの一種の教育的配慮が、教科書的規定が多すぎるというような批判にも結びついた。(3)もう一つ、個性という意味では、ボワソナードの自然法的というか、人間の本性に根ざした倫理的な発想を重視する規定がいくつかみられる。(4)そして、ボワソナード旧民法の財産法の部分は、二十一世紀の今日になっても学説の議論の対象となったり、ボワソナードの独創的なルールが、現代でも卓見と評価されたり、ボワソナードの考えていたのとはまた別の形で評価されたりしているところがある（池田『ボワソナードとその民法』〔増補完結版〕）。

旧民法草案(財産法部分)の具体例

それでは、右に掲げたボワソナード民法草案の特徴を、わかりやすいいくつかの例をあげて具体的に説明してみよう。

(1)の、フランス民法典の修正すべき部分は積極的に修正しているということの具体例としては、まず占有権の規定の仕方をあげることができる。占有権は、所有権など、いわゆる本権をもっているかどうかは不明でも、物を所持したり支配している状況にある者に対して、一定の法的保護をあたえるものであるが、現代の各国の民法典では、これを物権として規定するのが一般である。しかし当時のフランス民法典では、これを時効取得の要件の一つとしてしか規定していなかったので、ボワソナードは旧民法草案では明確に物権として規定して、採用されている。

同様に、これは(2)のボワソナード特有の意図にもかかわるのだが、ボワソナードは賃借権について、フランス民法典(賃借権は債権とされていた)と異なり、明瞭な形で物権として規定した。賃借権の保護強化をはかったものである(小柳春一郎『近代不動産賃貸借法の研究』)。

ボワソナードは、賃借権の物権構成には、三つの利点があるとした。第一には、債権構成だとフランス民法一七四三条(当時)のような特別規定をおかなければ対抗力が付与できないが、そのような規定ぶりでは不完全で問題が多い。物権構成ならば登記のような第三者対抗要件を明確に付与することができる。第二には、物権構成にすれば賃借人に自己の名での訴権を認められ、賃借人にはなはだ便宜である。また第三に賃借権抵当を認めるという実益がある、というのである。

この賃借権物権構成には当初から日本側の法律取調委員会のなかに異論があったようであり、反対意見や別案が出されたりするのだが、しかしボワソナードは最後まで自己の意見を貫徹し、採用にいたるのである。

ちなみにこの点は、明治民法典では、賃借権は債権に戻され、しかも当時の地主・小作の関係を念頭においたこともあって、弱い権利として規定される。これがその後大正時代になって、借地法、借家法と、借りる側の権利強化の特別法立法に向かうことになった。ボワソナードに先見の明があった証左ともいえよう。

なお、カンボジアでは、二〇一一年十二月に、日本の法整備支援に基づいて日本の民法の基本的な法概念も取り込んで起草された新しい民法典が施行されたのだが、そのなかでも、不動産賃貸借法制については、仏領インドシナ以来の土地法の規定を引くとされる、「永借権」(不動産の一五年以上の長期賃借権)が、物権として採用されている。ボワソナードの考え方が現代に生きている国もあるのである。

さらに(2)についていえば、たしかに現代の民法知識からすればわかりきった規定を細かにおいている面はあり、それが明治民法典の三起草委員(穂積陳重、富井政章、梅謙次郎)の批判・削除の対象となったのではあるが、それは、近代法の伝統のない日本にはじめての民法典を移入することについてのボワソナードの配慮でもあった。加えていえば、その批判の結果、逆に、できあがった明治民法典では、本来法典に書かれるべき民法の原則の多くが書かれていない、という現象を生じて、現代の民法学者(星野英一、椿寿夫ら)に指摘されることになった。▲

(3)の、ボワソナードの、人間の本性に根ざした倫理的な発想を重視する規定

▼**現行民法典と原則の不記載**

二〇一七(平成二十九)年の大がかりな債権法改正(二〇二〇〈令和二〉年四月一日施行)ではじめて、「契約自由の原則」が規定されたのは(改正後の民法五二一条)、まさにその好例である。

の代表例としては、時効規定の考え方があげられる。明治民法典では、時効は理論的に権利の得喪手段として規定されるのであるが、ボワソナードはこれを「権利の推定」手段として構成していた。つまり、時効（時の効果）は、法が当事者に権利をあたえたり失わせたりすることを決めるものではなく、証拠も不分明になった段階で、法が権利を推定するものなのであって、それを確定的なものとするために時効制度を使うか使わないかは、当事者が「援用」▲するかどうかにかかる、というのである。つまりボワソナードの時効法では、本人の「援用」が圧倒的な重みをもつことになり、裁判官も手出しができない（当事者が援用しないかぎり裁判官は時効の規定を適用できない）のも当然ということになる。

さらに自然債務に多数の規定をおいたのも、まさに彼らしいといえる。旧民法では財産編第五六二条から第五七二条の一一カ条をおいているのだが、この自然債務というのは、法律的に債務は存在するのだが、訴訟でも相殺でも要求・実現することができず、その履行はただ「債務者ノ任意ナルコトヲ要シ之ヲ債務者ノ良心ニ委ス」（財産編第五六二条）というものである。現代では、その存在を承認されているものの、実際にはすたれてしまったが、債権者からは請

▼時効の「援用」　時効の「援用」とは、当事者が、時効にかかっていると規定する法律の条文を使う、と主張することである。つまり、民法の時効は、刑事の時効とは異なり、時効の利益を受けるかどうかを本人（援用権者）の意思、良心に委ねているのである。

求できないが債務者が任意に履行してくれれば債権者はそれを受領できる、というもので、まさに債務者の良心に委ねた倫理的な規定であった。

加えていえば、ボワソナードは、他人の物を売った者の責任について、売主と買主の善意・悪意（法律用語では事情を知っているか知らないかという意味で使う）によって区別する規定もおいている。この他人物売買に関する善意・悪意による判断システムは明治民法に承継され、そして二〇一七（平成二十九）年の債権法改正まで続いたのである（池田『ボワソナードとその民法』〔増補完結版〕）。

ただこれらは、当事者の内心の意思や善意・悪意という主観的要素を重視したり、行為や発言の人倫的責任を重視したりするわけである。そうすると、現代のように、企業間あるいは国際的な取引なども民法が引き受ける場面がふえている時代になると（たとえば債権譲渡は商法や会社法に規定がないので、企業間の大がかりな債権譲渡もみな民法の守備範囲になる）、善意か悪意か、内心ではどう考えていたか、などということは問題にしにくくなり、契約条件も契約書に細かく書いて客観的にそのとおりに履行し責任をおわせる、という形態になる。こういう点ではボワソナード的な考え方は排斥される傾向になっているといえる。ただそれは、ヒトの「意思による自治」という、民法の基本構想に変容をもたらす傾向ではある(池田『ボワソナードとその民法』〔増補完結版〕)。

(4)については、学理的にはいくつかの例があげられるが、ここでは、わが国の二〇二〇(令和二)年四月施行の相続法改正で新設された、配偶者居住権をあげて、改めて後述することにしよう。

ボワソナードと条約改正——その助走

さて、すでに拷問廃止について述べて、ボワソナードは正義の人、義憤の人だったと書いた。さらにボワソナードは、日本国のために働く至誠の人でもあった。彼は、結果的に、いわばお雇い外国人の職務(諮問対象)を超えて、不平等条約に反対し、わが国の適正な近代化に多大な貢献をすることになるのである。

周知のように、一八五八(安政五)年、徳川幕府(とくがわばくふ)は、五月の日米修好(しゅうこう)通商条約を皮切りに、オランダ、ロシア、イギリス、フランスと、同内容の条約を勅許なく調印した。これがいわゆる安政の五カ国条約であり、これらは、(1)領事裁判権▲を認める、⑵関税自主権がない、⑶片務的最恵国待遇になっている（日露修好通商条約のみは双務的最恵国待遇）、などといった不平等条約だった。この不平等条約の改正が、近代法典の整備とリンクした形で、明治政府の喫緊の課題となったわけである。

加えて、その後幕府は同内容の条約をポルトガル（一八六〇〈万延元〉年）、プロイセン（一八六一〈文久元〉年）、スイス（一八六四〈元治元〉年）、ベルギー、イタリア、デンマーク（いずれも一八六六〈慶応二〉年）の各国と結んでおり、また明治になってからもスペイン、スウェーデン、ノルウェー（いずれも一八六八〈明治元〉年）、オーストリア＝ハンガリー（当時は二重帝国。一八六九〈同二〉年）とも同様の条約を締結した。したがって、明治政府は安政条約の五カ国にこれらの国々を加えた、合計一六カ国と条約改正交渉を行う必要があったのである。▲

したがって、ボワソナードが刑法、治罪法を起草し、ついで民法の起草を開始したという一連の近代法の整備は、この条約改正に向けて近代国家としての内実を整えるための喫緊の課題であったわけである。そして、先述の清国交渉以来、ボワソナードは条約改正の立案などに関しても諮問を受けていたようで

▼**領事裁判権**　日本国米利堅合衆国修好通商条約第六条は次のように定めていた。「日本人に対し法を犯せる亜米利加人は、亜米利加コンシュル裁断所にて吟味の上、亜米利加の法度を以て罰すへし、亜米利加人へ対し法を犯したる日本人は、日本役人糺の上、日本の法度を以て罰すへし、日本奉行所、亜米利加コンシュル裁断所は、双方商人逋債等の事をも公けに取扱ふへし」。

▼**不平等条約**　ちなみに、明治政府になってこの条約の不平等性と改定の必要性を最初に明確に指摘したのは、一八六九（明治二）年の岩倉具視の意見書と考えられている（『日本近代思想大系　対外観』）。

ある。

実際、彼は一八七六(明治九)年から外務省顧問にもなって、多様な諮問や相談を受けていた。その一つに、一八八二(明治十五)年、朝鮮で壬午事変が起こった際に、ボワソナードが井上毅の質問に答えた記録が、同年八月九日付の「朝鮮事件ニ付井上議官ボアソナード氏ト問答記」として正式文書にされて残っている(『日本外交文書』第一五巻)。ただ、そこでのボワソナードの発言を「日中朝三国同盟」献策などと紹介するものがあるが、それは大げさで、朝鮮を属国として交渉に入ろうとする清を警戒してボワソナードに意見を求めた井上毅(当時参事院議官)に対して、ボワソナードは、朝鮮を独立国として遇しての国際法上の対処態度を説明し、その流れで、日本は清と敵対すべきではなく最大の脅威はロシアと考えるべきという説明のなかで三国の「同盟」という表現を使っただけである。

この時も、参事院議官であった井上が、みずから井上馨外務卿に加勢を申し出て、ボワソナードの意見も求めたうえで朝鮮に渡って、井上馨全権の到着前の根回し交渉にあたっている。もちろん井上自身は、朝鮮には独立国の実力がないので三国同盟は無意味としつつ、ロシアを最大の敵として把握し、清とは友好関係を維持するという、ボワソナードの意見をたくみに取り入れた見解を文書に残しており、ここでもボワソナードは井上毅に上手に利用された感がある。

ボワソナードと条約改正——その顚末

そのような状況下で、外務卿（一八八五年の官制改革後は外務大臣）井上馨は、条約改正交渉の一環として、有名な鹿鳴館▲舞踏会外交など、欧化政策を展開することになる。政府高官や外国使臣などの舞踏会が連日のように開かれ、そうした風潮が頂点に達したと評されるのが、一八八七（明治二十）年四月に鹿鳴館ではなく伊藤博文首相の官邸で開かれた、仮装舞踏会であった。

まさにその一八八七年のことである。井上馨外務大臣主催の条約改正会議が開かれ、ボワソナードはそこでの条約案がことに外国人裁判官任用などの点で日本にとって非常に不利なものであることを知った。憤激したボワソナードが、（岸本辰雄の後日談によると）それを愛弟子の宮城浩蔵にもらしたところ、そこか

▼**鹿鳴館**　井上馨外務卿の欧化政策の象徴というべき、外国使臣との交歓を目的とした官設娯楽社交場。一八八三（明治十六）年落成。東京日比谷練兵場のかたわらにイギリスの建築家コンドルの設計で誕生。客室、食堂、舞踏室、奏楽堂などを備えた、当時としてはもっとも豪華な洋風建築物であった。

ら人伝てに井上毅に伝わって、内閣全員が知るところとなったという。

前述のようにそこまでの改正条約案作成関係では、ボワソナードがいろいろと関与していたのだが、実はこの改正案作成には少しも関与させていなかったようである（『世外井上公伝』第三巻）。それもあって、内容をはじめて知ったボワソナードは驚愕し、憤激をおさえられなかったのかもしれない。

井上馨外相は国家機密をもらしたとボワソナードの罷免を要求するが、逆に条約改正の無期延期、井上外相の辞任、という結末でこの不平等条約締結は回避される。一方で日本政府のための支援をしたことでフランス公使からはうとまれたということがボワソナードの述懐に残っている。

ただここでも、実際には、大久保泰甫も指摘したとおり（大久保泰甫『ボワソナードと国際法』）、井上毅の存在が大きかったようである。ボワソナードの反対意見を聞きつけた井上毅は、伊藤首相の許諾をえてボワソナードに聞取り調査をし、さらに、ボワソナードが文書にしたくないというものを、「司法大臣限りで他見させない」と約束し、強いて意見書を提出させたという（大久保泰甫『日本近代法の父　ボワソナアド』）。そしてそれらを伊藤に報告した。しかしその後、ボワソナード意見を含めた反対論は、「写本または秘密出版として世上に流布され、外国公使にも入手されている」（後述外務省『解説』）という事態になった。

前掲の岸本辰雄▲は、ボワソナード逝去の際の談話で、「随分大騒ぎになってボ氏は秘密を暴露した怪しからぬ男だと言ふ訳で非常に軽蔑されて頗る不首尾の人となった。併し今から考へて見れば国家を思うの余りに遂ひ漏らしたのだから国家として決してこれを憎むべきものではない。寧ろ感謝すべきで、僅かボ氏が一言を口走ったが為に却って吾日本は死地の境から救ひ出されたと言って差支えない」と述べている（『東京日日新聞』明治四十三〈一九一〇〉年七月十五日）。

また高木益太郎は「博士の功績中第一に指を屈するのは井上侯が条約改正の時外人（ママ）を法官に任用する議のあったのを博士は極力反対し建白書を呈して以て外人任用を遮り止めた一事である」と（『東京朝日新聞』明治四十三年七月十四日）、ボワソナードの功績の第一にまで位置づけている。

ボワソナードの反対意見と後代の公的評価

岸本、高木らの評価は至言と思われるのであるが、では、ボワソナードゆか

▼**岸本辰雄**　一八五一〜一九一二。鳥取藩貢進生として大学南校をへて、一八七二（明治五）年、新設の司法省明法寮に第一期生として入学。ボワソナードらの教えを受け一八七六（明治九）年に修業し、同年宮城浩蔵、小倉久とともにフランスに留学。パリ法科大学でフランス法律学士の学位を取得。帰国後、判事任官。一八八一（明治十四）年に、宮城浩蔵、矢代操らとともに明治大学の前身である明治法律学校を創設。のちに校長となる。

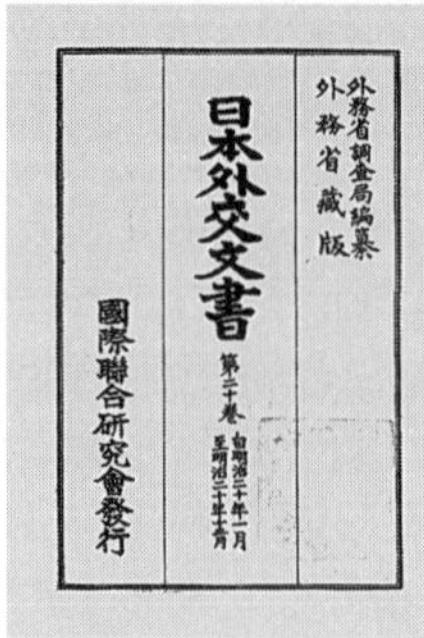

『日本外交文書』第二〇巻

りの人びとの評価ではなく、最終的に日本政府側はどう位置づけているのか。一連の経緯は一九七七（昭和五十二）年の大久保泰甫の著作（『日本近代法の父　ボワソナアド』）にも詳しいが、ここでは、第二次世界大戦後の四七（同二十二）年に出版された、日本国外務省発行の『日本外交文書』第二〇巻に収録されている井上毅のボワソナードの意見聴取記録と、かつその第二〇巻の付属冊子『日本外交文書第二〇巻（明治二十年）解説』（一九四六〈昭和二十一〉年九月、外務省調査局第一課外交文書編纂室、以下『解説』と表記する）のボワソナード関係の記述に注目したい。

同『解説』は、まず、「そして条約改正に関するボワソナードの反対を転機として、条約改正問題は政府攻撃の有力な武器となり、……」と明記し、ボワソナードの反対意見の歴史的意味とその大きさが外務省側に承認・記録されているのである。

その『解説』が対象とする『日本外交文書』第二〇巻収録の同年五月十日付の「井上毅ト内閣雇『ボアソナード』トノ対談筆記」で、ボワソナードは井上毅に、「足下（そっか）ハ予ガ秘密ヲ守ル事ヲ信用サル、ナラバ、願クハ予ガ為ニ其詳細ヲ語ラレヨ」（濁点、句読点を加えている。以下同じ）と乞われて、反対意見を詳細に述べている。

ボワソナードは、「予ガ不満足トスルハ、改正ノ総テノ個条ナレドモ、就中三ツノ重要ナル点ナリ」として、(1)外国裁判官を用いかつ組織中の多数とすること（日本人の側に不利益な裁判がされやすいだけでなく、安政の旧条約では日本人が原告の時にだけ外国人裁判官の裁判を受けることになっていたが、今回の改正案では原告の時も被告の時も日本人はすべて外国人裁判官のいる裁判を受けることになる）、(2)違警罪▲のみに外国人も日本人裁判官の裁判に従わせ、かつ上訴を許すこと（それならば外国人は外国人裁判官が担当する上級裁判所に控訴してしまうだろうということ）、(3)条約の実行期日より八カ月前に日本の各種の法律草案を外国政府に通知すること（条約案の趣旨は、単に通知することにとどまっているが、外国公使らは、外国政府の「エキザミネーション」にかかるとして解説している）、の三点をあげている。

そして、「予ハ自然ノ道理ヲ以テ感情トシ、此事ニ付日本ノ為ニ深ク忠実ナル意見ヲ以テ外務省ニ助言シタルガ故ニ」フランス公使が帰国する際に新橋駅

▼**違警罪**　旧刑法（一八八二〈明治十五〉年施行）に規定した拘留または科料にあたる軽い罪。フランス刑法や日本の旧刑法では、犯罪を重罪・軽罪・違警罪の三つに区分していた。

まで見送ったところ、フランス公使から「足下ハ、予ニ向テ多少ノ困難ヲ与ヘタリ」と苦言を呈され、いあわせたイタリア公使が、ボワソナードは日本のために行動したのだと擁護してくれたというエピソードも述べている。

また、かねて持論を外務大臣や青木周蔵次官に陳述したが一つも採用されず、山田顕義司法大臣からは自己の業務ではないといわれたとも述べている。

このようなボワソナードの反対意見について、前記外務省『解説』はこう書いている。「政府の諸施策特に急進的欧化政策に不平満々たる階層から改正案反対の火の手の挙るのは寧ろ当然過ぎる程当然であったらう。其の先鞭をつけたのは内閣雇法律顧問ボアソナードであり、最も俗流に投じて民間政客の興奮を刺激したのは農商務大臣谷干城の言動であった」と。これは冷静にして客観的な歴史の位置付けとみてよかろう。

さらに前記『解説』は、「ボアソナードは其の意見書に於て政府が本改正案を強行した場合の事態を左の如く想倒している」として、ボワソナードの意見書（長文の大論文である）の一部も掲記している。その主要部分を引用しよう。

「然レドモ今日之ヲ公衆ニ知ラシムルニ於テハ、政府ノ反対者此機ニ乗ジ国乱ヲ来スノ危険ナキニアラズ（中略）若シ夫レ全権委員ノ調印済タル後反乱ヲ避ケンヲ欲シテ批准ヲ拒ム如キハ実ニ重大ノ事ナリ、而（しこうし）テ一旦批准ノ済タル上ハ損失危害救正スル能ハザルナリ、何トナレバ日本ハ海外十六ケ国ニ対シ拘束セラル、ヲ以テナリ（中略）外国政府ハ其（その）国民ヲ保護スルヲ口実トシ日本ノ隙ヲ窺ヒ、国権ニ干渉スルノ機ヲ索（もと）メテ日本独立ノ安危ニ関スル問題ヲ惹起スルノ虞（おそれ）アルヘシ（以下略）」。

これに対し前記『解説』は、「井上外相が囂々（ごうごう）たる反対論に懸命の反駁を試みつゝも、内心秘かに恐れたのはボアソナードが右に述べた如き事態の発生であった」とし、「かくて本会議の成果を確保しつゝ本条約を締結しないと云ふ賢明な道が選定された。七月二九日の条約改正会議無期延期の通告が之である」と述べている。

またこの『解説』は、外務省側の文書であるから、当然、井上馨外相に対しても一定の配慮をした記述がみられる。いわく、「前後八年の苦闘が漸く報ひられんとする其の刹那（せつな）、忽焉（こつえん）として総てを徒労に帰した井上外相の心中は察するに余りがある」とし、「併（しか）し彼は此（こ）の儘（まま）で一切を投げ捨てたのではなかった。彼が最も憂慮したのは、此の条約改正の失敗が欧米各国に対し我国保守反動派の勝利と受取られ、今後再び鎖国固陋の政策に復するが如き印象を与へる事であった」として、井上が、そのような誤解の生じないよう、各国公使に強調し、かつ八月、九月には各国への説明のため、条約改正会議の書記をつとめたシーボルト▲とスチブンスを欧州とアメリカに派遣したことを記し、「此の点に関する彼の技術は成功し各国の反響に懸念すべきものはなかった」としている。

そのまま『解説』を引用しよう。「井上外相はかゝる善後策を講じた後、対外上の責任を一身に負うて辞意を決し、伊藤首相と内談の上後任の外相としては明治一四年に失脚して久しく反政府の地位にあった大隈重信を起用する事に決定した。かくて井上は九月一六日本官を免ぜられ宮中顧問官となり伊藤首相が外相を兼摂した。大隈重信が外相に就任したのは明治二一年二月一日である」。

このように、『解説』は、外務省の編纂物としては当然のことながら、外交の観点からボワソナードの条約改正意見をとらえ、主として反政府運動との関連で位置づけているが、いずれにしても、こうして、第二次世界大戦後にいわば

▼シーボルト　ここはアレクサンダー・ゲオルク・グスタフ・フォン・シーボルト(一八四六〜一九一一)で、日本近代医学の父と呼ばれるフィリップ・フランツ・バルタザル・フォン・シーボルトの長男。幕末に在日イギリス公使館の通訳をつとめたあと、明治政府に通訳・翻訳官などとして四〇年間雇用された。なお一八二八(文政十一)年に起こったシーボルト事件で翌年日本を追放された父フィリップは、追放令が解除されたあとに、オランダ貿易会社顧問の職をえて、一八五九(安政六)年に一二歳の長男アレクサンダーをつれて再来日した。

外務省側の「正史」に客観的評価をえて詳細に記されたことは、ボワソナードにとって何よりのことであったと思われる。

ただ、振り返ってみれば、この一八八七（明治二十）年の段階で、ボワソナードが罷免というような憂き目にあうことがなかったのは、（山田司法大臣のボワソナードを擁護する文書も残っているが）やはり七三（同六）年来日以来の、大久保に随行した対清交渉に始まり、拷問廃止の建言、刑法、治罪法の起草など、ここまでボワソナードが積み重ねてきた業績とそれに対する明治政府側の評価、信頼があってこそのことであったと思われる。そのうえ、ボワソナード最大の業績である、旧民法典草案起草の作業も、まさに佳境を迎えていた。ボワソナードは、すでに余人をもってかえがたい存在になっていたのである。

井上毅のボワソナードの利用?

そしてもう一つ、忘れてならないのが井上毅である。さきに紹介した井上毅の対談筆記の末尾では、ボワソナードが問い、井上が答える。「足下は伊藤伯のファンシボールに赴かれしか」「偶々（たまたま）病気の故（ゆえ）に辞したり」「鳥井坂（とりいざか）邸の芝居には赴かれしか」「又病を以て辞したり」「足下は定めて予と同感なる故に態と辞せられしなるべし（中略）予は今日は贅沢の時に非ずと信ずるを以て各大臣の宴会は都て之を謝絶するなり」という問答が記載されている。「伊藤伯のファンシボール」とは、前述の、首相官邸で一八八七（明治二十）年四月二十日に催された仮装舞踏会のことであり、「鳥井坂邸の芝居」とは、当時の井上馨邸において同年四月二十六日に開催され、明治天皇も来臨したという歌舞伎上演のことである。▲井上は鹿鳴館舞踏会外交で有名だが、この時も内外の名士を招待していたことがわかり、またボワソナードがその風潮に批判的だったことも示されている。

井上毅は、みずからもこの条約改正に反対意見を表明しているが、このボワソナード反対意見をめぐる一連の経緯では、秘密保持を強調しつつ、ボワソナードを利用して、反対意見を伊藤博文首相以下に意図的に広く知らしめた可能性がある。また、仮装舞踏会や天覧歌舞伎の問答の件までも、あえて対談筆記の記録に含めて報告しているのは、まさにボワソナードの言辞を使って、華美な欧化政策についてはみずからも反対であると、巧妙に伊藤に諭しているものとも読めるのである。

▼**鳥井坂天覧歌舞伎**　当時の井上馨邸は、その後変遷して岩崎小弥太の所有地となり、現在は国際文化会館がある。一八八七（明治二十）年四月の天覧歌舞伎は、皇后と高官夫人らの招待は二十七日、外国人招待は二十八日、二十九日は皇太后が主賓と四日間続いた。

鹿鳴館(59ページ頭注参照)

仮装舞踏服姿の鍋島直大(なべしまなおひろ)・栄子(ながこ)夫妻

鳥居坂天覧歌舞伎(井上探景(いのうえたんけい)・楊洲周延(ようしゅうちかのぶ)画「貴顕演劇遊覧図」)(注，図は想像図で史実とは異なる。天皇と皇后は同席していない)

ちなみに、井上の伊藤首相への働きかけは、すでに明治十四年の政変でも明らかであり(大久保利謙「明治十四年の政変」、伊藤彌彦『維新と人心』)、さらにこの後のプロイセン型の欽定憲法発布に続くのである。ジャーナリスト橋本五郎は、講演のなかで「井上毅のスティルス作戦」と呼んでいるが(『福澤諭吉年鑑47』)、それも当をえた表現である。しかし、官吏井上にあっては、いずれも、ボワソナードの講義をはじめて聴いた一八七三(明治六)年の、パリからのベルリン訪問以来(あるいはそれ以前から)つちかった、確固とした彼の「国体」観に基づく行動だったように思われる。

④—旧民法典の完成と暗転

起草者ボワソナードの資質とその精励ぶり

ボワソナードは、ありていにいって、講義は下手、社交的ではない、ましていわんや政治力などとは無縁、いつまでも書斎にこもって研究を続けているタイプであった。ボワソナードが司法省法学校で講義をした時の受講生の一人加太邦憲（かぶとくにのり）は、こう書いている。「其（そ）の蘊蓄（うんちく）する所豊富なる故（ゆえ）に、講じたき廉々脳中に簇出（そうしゅつ）して止まる所を知らざるをもって、自ら秩序なく時には横道に入り、遂には本道への戻り道を失することありて、到底初学の者には了解し難く、即ち学士以上の大体法律に通ずる者に聴かしむる方法なれば、我々最初は困却したり」。

教えたいことが続出してきてとまらず、横道にそれて戻らないこともあるという授業は、やはり下手な授業なのであって、ボワソナードの、熱中型、集中型そして内向的な性格は、講義には向いていなかった。しかしそれは、考えてみれば、法典の起草者として、異国の地で一人一心不乱に条文をつくり理由書を書き続けるには、まさにうってつけの性格であったといえるのではなかろうか。一八八八(明治二十一)年頃の、債権担保編と証拠編の起草とその註釈の大詰めの作成作業では、足に浮腫をつくってもひたすら執筆を続けるボワソナードを井上毅がみかねて、転地療養を願い出(『井上毅傳』史料篇第三)、療養先の熱海、鎌倉、神奈川で註釈を作成した資料が残っている(大久保泰甫＝高橋良彰『ボワソナード民法典の編纂』)。

近代法導入のために招聘したお雇い外国人として、資質においてまたその業務態度において、明治政府は望みうるほぼ最良の人物をえたのではないかと思われるのである。

ボワソナード旧民法典の完成

こうして、元老院の審議を終え、枢密院の諮詢を終えた民法典のボワソナード起草部分、すなわち財産編、財産取得編(相続に関する一部を除く)、債権担保編、証拠編は、一八九〇(明治二十三)年法律第二八号として、同年四月二十一日付の「官報」によって公布された。施行は、二年半以上の周知期間をおいて、一八九三(明治二十六)年一月一日と定められた。ただし日本人委員の起草した人事編と財産取得編第一三章以下(相続法の部分)は、遅れて一八九〇年十月七日法律第九八号として公布される(施行日は同一とされた)。

最終的にできあがった旧民法典は、全体を通し番号にはせず、財産編(第一部物権、第二部人権(債権のことである)及ヒ義務)が全五七二条、財産取得編(契約などの債権各論と相続法にあたる部分)が全四三五条、債権担保編(債権総論の保証と担保物権法、つまり人的担保と物的担保をまとめたもの)が全二九八条、証拠編(民事訴訟法の一部と時効)が全一六四条、そして人事編(民法総則の一部と親族法)が全二九三条となった。全合計は一七六二条の大法典である。

のちに述べるように、結局この旧民法典は施行延期となり、明治民法典につくりなおされて幻と終るわけであるが、公布後、明治民法典制定までの時期には、裁判官によって「条理」として(すなわち裁判官の一種の判断基準として)参考にされていたという評価もあり(杉山直治郎の祝辞『ボアソナード先生功績記念』)、実際に、後述するように多数の規定が明治民法典に引き継がれているので、この旧民法典に一定の分析を加えておくことは意味がある。

▼**「人権」と「基本的人権」**　現代では、人権といえば憲法上の基本的人権をさすが、近代法導入当時は、現在の民法で「債権」(特定の人が特定の人に対してもつ請求権など)と呼ぶものを、フランス語のdroits personnelsの訳として「人権」の語をあてていた。

▼**胸像寄贈と杉山直治郎**　東京帝国大学教授の杉山直治郎は、ボワソナード教授記念事業として、ボワソナードの胸像(本書後掲一〇五ページ)をパリ大学に寄贈することに尽力した。ボワソナード旧民法典について「条理」としての評価を述べたのは、一九三四(昭和九)年六月二十七日にパリ大学で挙行されたその胸像除幕式の祝辞においてである。

ボワソナード旧民法の全体評価――ボワソナードの家族法不関与

さて、ボワソナード旧民法の全体評価という場合に、最初に強調しておくべきは、世にボワソナード旧民法と呼ばれるが、ボワソナードが起草したのは、そのうちの財産法分野(現在の民法でいうと総則、物権、債権の三編)のみであるということである。いわゆる家族法(親族法と相続法)の部分は、当初から日本政府は起草の委嘱をせず、日本人委員が起草したのである。しかもボワソナードは、家族法の部分については、結局最後までほとんど関与をしないままであった(池田真朗『ボワソナードとその民法』〔増補完結版〕参照)。

したがって、旧民法典の評価という場合も、ボワソナードの起草した財産法部分と、日本人委員が起草し審議した親族・相続法の部分とでは、それぞれ別の評価をしなければならないのである。

先述のようにボワソナードは起草者としての適性が高い人物だったが、その担当した財産法部分は、その時点までのフランス民法系の実績とそれに対する成果を取り込み、彼なりの改善提案も盛り込んだ、かなり高評価をあたえられる民法典が完成しているといえる。

これに対して、ドイツ法の成果が取り込まれていないという批判は適切ではない。というのはドイツ民法の第一草案▲が公表されたのは一八八八年四月であり、これに対して、ボワソナードの財産編(物権・債権)の部分のプロジェ(草案とその註釈書)が出版されるのは初版が八二(明治十五)年、第二版が八三(同十六)年であり、担当部分の最後の証拠編が出版されるのが八九(同二十二)年であるから、参照したくても時間的にまにあっていなかったのである。

また、明治民法典の起草者の一人である富井政章(とみいまさあきら)は、「恰(あたか)モ錯雑ナル講義録ノ如シ」として、定義や区別の説明の条文が多いと批判している(法学協会雑誌)。この批判はたしかに一部あたっているが、近代法の基礎のない日本に近代民法の考え方を移入するにあたって、ボワソナードがより丁寧な立法態度をとったことも了解できるのである。逆に、富井らがそれらの定義規定などを削除して起草しなおした明治民法典では、本書ですでに指摘したように、現代になって、書かれるべき基本規定が書かれていないという批判を受けているところもあるのである。

さらに、旧民法典はわが国の旧慣に反するという批判であるが、これについ

▼ドイツ民法第一草案　フランスの比較立法協会がドイツ民法第一草案の紹介と検討を開始したのも、一八八九年一月からとされる(大久保泰甫「近代日本におけるボワソナード」〔法政大学シンポジウム〕)。一般に「ドイツ民法を取り入れた」とされる穂積陳重(のぶしげ)ら明治民法の起草者たちが主として参考にしたのは、この第一草案である。実際にドイツ民法典が制定・公布されたのは一八九六年で、施行は日本の明治民法典よりわずかに遅く、一九〇〇年一月一日であった。

富井政章

ては、次の項でも詳論するが、ボワソナードの担当した財産法の分野と、担当しなかった家族法分野で分けて考察する必要がある（池田『ボワソナードとその民法』〈増補完結版〉）。彼が、財産法分野の起草において、当初日本の旧慣に重きをおいていなかったことも事実のようだが、彼の言によれば、財産法の分野では、起草の参考となる日本の旧慣はほとんどなかったという。実際、一八七七（明治十）年と八〇（同十三）年に公刊された『民事慣例類集』でも、財産法関係で、近代民法の編纂に役立ちそうな取引慣習で確立している状況のものは、手付や買戻しなどを除いてはほとんどみられない（近代民法における契約や所有権の概念が育っていなかったのであるから、ある意味では当然である）。

一方、彼が関与していなかった家族法分野は、多くは彼の弟子筋の日本人委員たちが原案（第一草案）を起草しており、これはたしかに近代西欧法の発想をかなり取り入れていたのだが、実際にできあがった旧民法典の条文は、後述するようにまったく別物になっており、わが国の旧慣に反する部分は、元老院の審議などでことごとく削除されていたのである。

法典論争前夜——人事編第一草案の修正

一般に、一八九〇(明治二十三)年に公布された旧民法典は、いわゆる法典論争の結果、「民法出デテ忠孝亡ブ」と論じた延期派が勝利して、旧民法典は、施行されないまま日本人委員によってつくりなおされた、と理解されている。ただその法典論争については、フランス法派とイギリス法派の学派の争いなどともいわれるが、その「実態」は必ずしも正しく伝えられていない。はたしてボワソナードのかかわった旧民法典は、忠孝を亡ぼすようなものであったのか。

さきに述べたように、民法典のなかのいわゆる家族法(親族法と相続法)部分は、ボワソナードが執筆しておらず、そこへの彼の具体的な関与も立証されていない(池田『ボワソナードとその民法』〔増補完結版〕)。たしかに、人事編(親族法)と財産取得編第一三章以下(相続法部分)を起草した日本人の報告委員たち▲は、そのほとんどがボワソナードらからフランス法を学んだか、さきにフランス留学をした人びとであり、彼らが起草した「人事編第一草案」は、フランス民法的な開明的なものだったと多くの研究者によって評価されている。

この「人事編第一草案」全五一〇カ条は、法律取調委員会の審議にかけられ、

▼旧民法家族法部分起草委員
人事編(親族法部分)が熊野敏三、光妙寺三郎、黒田綱彦、高野真遜、財産取得編一三章以下(相続法部分)が磯部四郎と井上正一である。なお、彼ら起草(起稿)にあたった者は、法律取調委員会のなかの「報告委員」であり(「取調委員」は元老院議官や司法高官)、委員会での議決権はあたえられていなかった(星野通『明治民法編纂史研究』、手塚『明治民法史の研究(下)』)。

一八八九(明治二十二)年の末頃に「再調査案」(四七二カ条)ができ、さらにこれを修正して、翌九〇年四月、「元老院提出案」(四一二カ条)を決定した。さらに元老院では調査委員会を設けて審議し、同年九月、二八三カ条の草案を本会議で議決した。つまり元老院では五カ月ほどの審議で約一三〇カ条が削除されたわけである。政府は、これを若干修正し、同年十月七日、人事編二九三カ条を公布したのである(手塚豊『明治民法史の研究(下)』)。問題は、この審議修正のプロセスにあった。

一八八九年四月、ボワソナードは、さきに全体構成を掲げた旧民法典の、債権担保編と証拠編までの、つまりボワソナードの委嘱された財産法分野の全部の、草案と註釈をほぼ作り終えて、一時帰国の途に就く。実はこの一時帰国というのは、本来は契約終了での母国帰還となるはずだったのが、直前に山田顕義司法大臣の強い意向で再雇用が決まったものであった(ボワソナードの雇用契▲約は、ここまでですでに四回更新されていた)。

右の「人事編第一草案」は、一八八八(明治二十一)年十月に完成したとされている。したがって、これを読んで一時帰国の途に就いたボワソナードには、そ

▼**ボワソナードの契約更新**　ボワソナードの雇用契約は、一八七三(明治六)年六月の最初の契約から三年ごとに更新されている。一八八五(明治十八)年の四回目の更新ではボワソナードは家族のことなども理由にあげて大いに難色を示したが、まだ民法典のうちの債権担保編と証拠編の起草を残していた時期でもあり、大木らに懇請されて同意している(大久保泰甫は、この時こそが引き時であったと書いている)。新たな雇用契約は五年任期で、ボワソナードは再来日後、旧民法理由書公定訳(実際はボワソナードが執筆したものを日本人委員が翻訳したのだが、扱いは公定訳となる)の作成と、それと引きかえに認められたプロジェ(草案註釈)新版の作成を完成させる(プロジェ新版では、ボワソナードの意に沿わない削除があった点も解説している)。

れなりの満足感と安心感があったと思われるのである。そしてボワソナードは、この人事編草案の見直し作業は引き受けたが、それも私が戻るまでは完了しないであろうと書いていた。しかし、事態はそのボワソナードの離日後に急進展するのである。

その「第一草案」全五一〇条が、法律取調委員会で審査されて「再調査案」(四七二カ条)となった。ボワソナードがパリ大学から名誉教授の称号をあたえられて、一時帰国から戻ったのは、一八八九年十二月とされているので、この再調査案のできる頃である。それがさらに修正されて、翌年四月の「元老院提出案」(四二二カ条)となったのである。すでにここまでで開明的な規定は一部修正を受けていたのであるが、さらなる問題はこのあとにあった。

元老院では、五カ月ほどの審議で約一三〇カ条が削除された過程で、従来の慣習に反する条項はすべて削除されたのである(それが元老院の方針であった)。その結果、できあがった旧民法人事編の条文は、その後につくられる明治民法典の第四編・第五編の家族法部分にまさるとも劣らない保守的なものになったのである。手塚豊は、「このような人事編の変遷を内容的にみると、第一草案の進歩的性格が遂次後退し、保守化してゆく過程であった」と述べ、「要するに、元老院の修正をもって人事編草案の保守化はその頂点に達し、親子法の領域でも提出案までかなり残存していたフランス法的要素が、嫡出子推定・否認訴権等の規定の整備方法、嫡出子たる身分の占有の規定（元議案八七条）、養子縁組の方式の規定の一部等をのぞき、ほとんど一掃されたかの感がある」と述べている（手塚『明治民法史の研究（下）』）。

かつては、旧民法人事編の基本的性格をなお「ヨーロッパ個人主義的」と評価する学説もあったが、詳細な起草過程の考証からすれば、たしかに最初にできた人事編「第一草案」はヨーロッパ市民法的色彩のきわめて強いものだったが、法律取調委員会と元老院でのたび重なる修正の結果、逐次封建的要素を加え、ついにはその性格を根本的に改変したとみるべきであろう。手塚は、最終的に公布された旧民法人事編そのものは「明治民法に対比して勝るとも劣らざる半封建的民法であった」と評している。

穂積八束

法典論争の実態——ボワソナードの悲劇とその本質

一八八九(明治二十二)年五月、すなわちボワソナードが一時帰国に旅立った翌月、旧東京大学法学部および帝国大学法科大学の卒業生によって組織されていた「法学士会」が、「法典編纂ニ関スル意見」を発表した。政府の拙速主義と泰西主義とを批判し、歳月をかけて修正を加えるべきという内容である。これが法典論争の導火線となった。この法典論争では、穂積八束の「民法出デテ忠孝亡ブ」という、現代的にいえば圧倒的な力をもったキャッチ・コピーのもと、もっぱら人事編つまり家族法の部分が槍玉にあげられて、延期派が勝利するのであるが、実は実際の論争の内容は、後世に正しく伝えられていない。

断行派は、のちに日銀総裁になる水町袈裟六の論考などにみられるように、一つひとつの規定をあげて、旧民法がわが国の醇風美俗を壊乱するようなものでないことを丹念に反証するのであるが、これに対して、延期派は、そのような個別具体的な批判をほとんどしていないのである。たとえば穂積八束の「民法出テ、忠孝亡フ」の論文(『国家学会雑誌』五巻五四号〈一八九一年〉、星野通『民法典論争資料集(復刻増補版)』に収録)の内容は、「我国ハ祖先教ノ国ナリ家制ノ郷ナリ権力ト法トハ家ニ生レタリ」「家長権ノ神聖ニシテ犯スベカラザルハ祖先ノ霊ノ神聖ニシテ犯スベカラザルヲ以テナリ」「婚姻ニ由リテ始メテ家ヲ起スニアラズ家祠ヲ永続センガ為メニ婚姻ノ礼ヲ行フナリ」という調子で書かれており（濁点は筆者）、そもそも近代民法典の規定を論争する土俵になかったようにさえ思われるものであった。▲

加えておけば、ボワソナード旧民法典を修正して成立・公布された明治民法典の起草者の一人となる梅謙次郎は、一八九二（明治二十五）年五月の段階で、人事編を評価して、法典施行を支持する意見を表明している。梅は、「我輩ハ常ニ信ズ、我ガ民法中ニ於テ若シ其細目ノ瑕疵ヲ舎イテ唯其大体ニ就イテ論ゼバ、人事編ヲ以テ其尤モ宜シキヲ得タルモノトスベシト。然ルニ民法ハ倫常ヲ壊乱スト曰ヘルガ如キ酷評ヲ為スモノアルハ、実ニ我輩ガ解セザル所ナリ。（中略）故ニ民法出デ、忠孝亡ブト是レ徹頭徹尾誤謬ノ妄言タルニ過ギズ。（中略）我ガ人事編ヲ取リテ之ヲ欧州ノ制度ニ比ブレバ、其殆ト相類似セザルヲ知ラン。蓋シ我人事編ニハ戸主アリ家族アリ隠居アリ養子アリ庶子アリ離婚アリ毫モ従来ノ習慣上ニ存スルモノヲ廃セズ」と論じていた（梅謙次郎他「法典実施意

▼穂積八束の民法観　ちなみに穂積八束はこの論文の前後に、（財産法分野を含んだ民法典全体の捉え方として）民法典を国家的なものとして、個人の契約自由などを制限して社会財産の分配をコントロールするという趣旨の論考を発表している。

梅謙次郎

見」『明法誌叢』三号。傍点・濁点と句読点は筆者)。

梅は、「民法出デテ忠孝亡ブ」というキャッチ・コピーを、「徹頭徹尾誤謬ノ妄言」としているのである。客観的に言葉を選んでも、やはりこの論題はおおいなる誇張であったというべきであろう。

以上要するに、ボワソナードは、民法典起草の業務における、自分の任務外だった家族法の部分に対する、しかも事実とかけ離れた批判によって、自身の最大の業績というべき旧民法典を葬られたのである。ボワソナードの悲劇の本質は、実にそこにあった(池田『ボワソナードとその民法』〈増補完結版〉)。

法典論争の位置付け——「学派の争い」とは

ボワソナードを離れてこの法典論争をみれば、学派の争いであり、また「パンの奪い合い」(瀧井一博『明治国家をつくった人びと』など)とも評される。

実際、法典論争の口火を切ったのは、イギリス法派の強かった東京大学出身者の法学士会の「法典編纂ニ関スル法学士会ノ意見」(一八八九〈明治二十二〉年五月)である。さらに、フランス法派の私立法学校である明治法律学校(現在の明治大学)、東京法学校(のちに和仏法律学校、現在の法政大学)が当然断行論を唱えるのに対して、延期派の牙城となったのが、イギリス法派の私立法学校である東京法学院(旧英吉利法律学校、現在の中央大学)であった。前掲の穂積八束の論文「民法出テ、忠孝亡フ」は、東京大学の『国家学会雑誌』に掲載されたものであるが、穂積が講師をしていた東京法学院の機関誌として創刊された『法学新報』にも掲載される。

たしかに、「パンの奪い合い」という側面はあっても、それは卑近な見方で、さらに学派の争いといっても、前述したように、かみあった法律論が戦わされたわけではまったくない。やはり、結論を導いたのは、伊藤首相の(さらにはそれを補佐した井上毅の)歴史の方向性をつくる意向が作用した部分が大きかったようにも思われるのである。伊藤は、すでに明治二十(一八八七)年十月五日付の山田顕義宛の書簡で「ボアソナード民法草案モイラボレートニ過キ、ロイセ▲レル商法案モコンプリケートニ過キ、両人共ニ学問上ノ高尚論ニ流レ、日本ノ現状ニ不適当ナル新工夫ヲ提出シタルノ譏」をまぬがれないと否定的評価を示していたことが知られている(大久保＝高橋『ボワソナード民法典の編纂』)。彼は貴

▼ロエスレル　一八三四～九四。Karl Friedrich Hermann Roesler ドイツの法学者・経済学者で、一八七八(明治十一)年に外務省顧問として来日、のち内閣顧問となる。商法草案の編纂にも寄与したが、大日本帝国憲法制定にあたり井上毅に多大の指導、助言をした。採用時の外務省の文書によると、ボワソナードが多忙のため、もう一人の顧問を雇い入れるとあるが、その後内閣顧問として井上、伊藤に重用され、結果的に明治政府内にフランス法からドイツ法への流れをつくることに貢献する人物となった。

族院でもかなり明確にその見解を示して議論を誘導していたようである。▲

ちなみに、遅れて来た慶應義塾の大学部（旧民法典公布の一八九〇〈明治二十三〉年に開設して、ウィグモアに英語でイギリス法を講義させるという、実定法から超然とした態度をとる）では、まだ法典論争に参加する論客を輩出していなかったわけだが、福澤諭吉は、もともと、法は人びとの風俗習慣から来るものであって、諸外国法を素材とした性急な法典編纂を否とする、という立場をとっており、民法に先立つ商法の施行延期についても、政府が決めたものを国会が否定した、という「民心」が政府に対して大勝利をえたことを言祝ぐというスタンスをとっている（高田晴仁「福澤諭吉と法典論争」）。「社会の慣習なり通念なりがそこまで行っていないのに、先走った法律を作るとどうも面白くないことになるというので、法律学者が外国の模倣をして、外国に斯ういう法律があるから日本にもなくてはならぬというようなやり方は、嫌いでした」（福澤の四女・瀧の述懐）という福澤の発想は、一人法典論争当時の「パンの奪い合い」を超えて、市民層の形成とそれに基づく民事法の制定、という現代の民法改正に通じるテーゼを打ち出していてみごとである。そしてこの点（市民層の形成のないところに近代民法を

▼法典延期論と伊藤博文　民法典に先立って延期を決定した商法典の審議の際に、伊藤が議長を担当していた一八九〇（明治二十三）年十二月二十二日の貴族院における商法施行延期論戦を傍聴した松岡康毅は、「伊藤議長大ニ延期説ヲ鼓動ス、此人、共ニ始ヲ謀ルモ、成ニ及ヘハ人ノ功ヲ忌ムト、自己衆望ヲ収ル為メ、常ニ反覆ス」と憤慨をしたためているが（『松岡康毅日記』）、伊藤にとっては、年来の確信に基づく行動であったとみるべきであろう。

福澤諭吉

持ち込む）にこそ、ボワソナードが遭遇し、翻弄された結末の「原因」があったといえるのではないだろうか。

しかし、イギリス法派が勝利したといっても、実際にはイギリス・アメリカは、民法典や刑法典などの法典をもつ「成文法」の国ではない。先例を積み重ねて判断していく「判例法」の国である。したがって、最新の法典をもつ、国家体制も参考になる国として、ドイツ法への傾倒が始まることになるのは、論理必然であったといえよう。

⑤——「至誠の人」の殉教とその遺産

「日本近代法制の三傑」とボワソナード——信長・秀吉・家康論

世に「維新の三傑」といえば、西郷隆盛、木戸孝允、大久保利通の名があげられる。しかし、「日本近代法制の三傑」をあげれば、江藤新平、大久保利通、そして伊藤博文ということになろう。

さらに、日本の近代法制の形成においては、江藤新平を織田信長に、大久保利通を豊臣秀吉に、そして伊藤博文を徳川家康になぞらえることができそうに思われる。江藤の英明さと性急な制度改革は、まさに信長のそれであったし、その江藤を処刑し、明治政府の天下人となったところで暗殺された大久保の運命は、秀吉のそれに近い。そして最後にいわば覇権を握り、明治日本の「国体」を完成させ、明治という時代を確立させた伊藤が、家康にあたるわけである。

しかも本書にとっては、それは単なる歴史上の英傑の比較にとどまらない。最初から読み返していただけば明らかなように、ボワソナードの後半生は、まさにこの三人にあやつられたかのようなものであった。

フランスからボワソナードを招聘することになったのは、初代司法卿江藤の命令であったのであり、そのボワソナードが二二年の長きにわたってわが国の近代法制の形成に半生をささげることになったのは、来日まもない江藤処刑の直後に大久保の要請によって同行した清国との交渉の成功と、それゆえの大久保からの全幅の信頼と厚遇のゆえであった。そして、ボワソナード畢生の大業績であった旧民法典に引導を渡したのが、ほかならぬ伊藤だったのである。しかもその伊藤の判断は、すでに一八七二(明治五)年、江藤の命でフランスを訪れた調査団の一員として最初にボワソナードの講義を聞いた井上毅から、伊藤がえた助言に根ざしていた可能性が高いのである。

日本の西洋文化受容と時代意思——近代市民法の導入の意義

ただ、ボワソナードの運命を三人の指導者の行動のみに託して論じるのはもちろん表層的であろう。われわれは、広くこの国の西洋文化受容のあり方と明治という時代の「時代意思」に目を向けるべきである。伊藤博文首相の意向はかなり大きく影響したかもしれないが、旧民法施行延期はやはり一つの時代意思であったのではないかと筆者は思う。「最初に一度拒絶し、その後にいくばくかの形を変えて（実質的にはかなり当初のまま）受容する」という形態は、諸外国にも一般にみられるものかもしれないが、日本においてはかなり顕著に繰り返されているように思われるのである。これは多くの歴史学者の検証に待ちたい。
そして、市民層の形成のないところへの（条約改正に迫られての）近代法の導入という問題について、もう少し敷衍しておこう。

旧民法典に関しては、わが国には、西洋文化の受容というより、そもそも「近代市民社会の根本規範」を受容する基盤がなかった。ここでは、フランス革命と明治維新の違いなどが改めて問題にされるべきであろうが、それも本書の守備範囲外であり、著者の能力を超える。ただ、民法という法律は、「近代市民社会において望まれる市民（つまり自律的な、自己決定、自己責任の態度の取り切れる市民）を後ろから支援するもの」なのである。▲

そういう意味では、プリミティヴな形にもせよ、王政を廃する革命を市民によってなしとげたフランスでは、民法典の制定は一つの必然であったと考えられる。実際、革命政府は民法典制定を主要課題の一つとしていた。そこが、条

▼**民法の本質**　だからこそ民法は、契約法の部分を中心に、市民が法の定めと異なるルールをつくれる「任意規定」が多い法律なのであり、いわば「守らなくても（個人間の損害賠償責任はもちろん生じるが）罰則がない」法律なのである。

約改正交渉のために民法典の制定を急いだ、つまり、支援すべき市民層の形成がまったくないままに民法典を制定しようとしたわが国と、決定的に状況の違うところであった。▲その、基盤ないし受け皿のないところに導入を急いだ市民法典が、一度は受けなければならなかった「導入摩擦」こそが、法典論争であったのではなかろうか。こう考えると、旧民法典の施行延期は、一つの歴史の必然であったようにさえ思われるわけである。

旧民法典から明治民法典へ

すでに述べたように、一八九〇(明治二十三)年に公布された旧民法典は、定められた施行日であった九三(同二十六)年一月一日を前に法典論争が起こり、施行延期となって、三人の日本人委員が修正を命じられてつくりなおされ、これが明治民法典となる。その際、三人の起草委員(穂積陳重、富井政章、梅謙次郎)は、編成にいわゆるドイツ型のパンデクテン・システム(最初に総則がおかれる)を採用し、内容的にも当時最新の法典草案であるドイツ民法第一草案を参考にした(ドイツ民法典はまだ草案段階でできあがっていないことに注意したい)。そ

▼現代の民法改正　その意味では、現代日本の民法債権法改正(二〇一七〈平成二十九〉年公布、二〇二〇〈令和二〉年施行)は、民法典の使い手であり受け手である成熟した市民層が存在するという意味でまた状況がまったく異なったはずなのであるが、学理優先の批判を残した(池田眞朗「行動立法学序説」)。

明治民法典の三起草委員(民法・商法一〇〇周年記念切手)

れで総則、物権、債権、親族、相続のドイツ型の五編構成になったので、後世に日本民法典はドイツ民法に範をとったものに作り変えられたという「誤解」を生むことになる。

つまり、一時期は、「フランス型のボワソナード旧民法典が葬り去られてドイツ型の明治民法典が制定された」という理解が広く行き渡っていたのである。しかし、編別の形式はたしかにドイツ型になり、三起草委員は編纂途中のドイツ民法第一草案などを参考にしてその規定を取り入れたことも事実であるが、三起草委員はあくまでも「既成法典（旧民法典）の修正」を命じられたのであり、個々の条文のなかには、そのままフランス民法系の旧民法典の規定が多数残っている。そのことがようやく一九六〇年代の逐条研究によって明らかになった（星野英一「日本民法典に与えたフランス民法の影響」）。

今日では、ボワソナードが起草してから大筋は現在までつながっている、明治民法典の財産法（すなわち前三編）の部分▲に関しては、フランス民法とドイツ民法（草案）の影響は、ほぼ半々であるという評価が定着している。

たとえば、民法総則の部分は、意思表示、法律行為論などでドイツ民法（草

▼**現在の民法典の構成**　現在の日本民法典は、第一編総則、第二編物権、第三編債権、第四編親族、第五編相続からなっており、この前三編の債権までの部分を財産法という。第四編親族と第五編相続の家族法の部分は、一九四七（昭和二十二）年に根本的な改正（戸主制度の廃止、妻の権利の強化など）を受けているが、この財産法部分は、前注の債権法改正などによる修正を受けつつ、基本はそのまま今日まで継続している。

案)の影響が若干まさっているが、債権総論の部分は、逆に、債権譲渡など、フランス民法型の規定の影響が優位であるといえよう。さらには、明治民法典の規定に、旧民法典の規定ではなく、草案段階のボワソナード原案のほうを採用した例もあることがわかっている(池田真朗『債権譲渡の研究』)。ボワソナードの旧民法典起草作業は、けっして無に帰したわけではなかったのである。

現代に生きるボワソナード民法理論――配偶者居住権

ボワソナードの業績を端的に示す例としては、単にフランス民法からボワソナード旧民法を経由して明治民法典(現行民法典)にまでつながっている規定の存在を示すことよりも、ボワソナードの草案にあって、その後明治民法典で削除され、それが現代で再評価されている例をあげることがもっとも効果的であろう。ここではその具体的かつ最新の一例を示そう。それが、二〇一八(平成三十)年の日本民法典における相続法改正で新設され、二〇(令和二)年四月一日に施行された、配偶者居住権の規定である。

このたびの配偶者居住権立法の目的は、今日の高齢化社会における、生存配偶者の居住権の保護にある。わかりやすくいうと、（以下、夫と妻はもちろん逆の場合もあるが）夫が死亡して妻が子どもと遺産分割をする場合に、夫名義の家に居住中の妻がなるべくその家に住み続けられるようなルールを新設したのである。▲

この配偶者居住権の規定のルーツともいえるものが、実はフランス民法典から継受してボワソナード旧民法典に規定されていて、そのボワソナード旧民法典を修正した明治民法典編纂時に削除された、用益権、住居権というものであった（池田真朗『ボワソナードとその民法』〔増補完結版〕）。しかも、生き残った配偶者の権利の保護というのは、ボワソナードの来日前からの研究テーマであって、ボワソナードはそのテーマの論文でフランス学士院の賞を受けていたのである。

この用益権とその一部となる住居権は、フランス民法典以来、物権として規定されており、たとえば、建物に終身の住居権をもつ人（生き残った配偶者に限られない）がいる場合には、その人の生存中は、建物の所有者は、「虚有権」（フランス語では「裸の所有権」）をもつことになる。今回の日本民法典は、これと類似の保護をその建物に居住していた配偶者に限定してあたえる、法定の債権を

▼**配偶者居住権**　具体的には、民法一〇二八条以下で、配偶者が相続開始時に居住していた被相続人の所有建物を対象として、終身または一定期間、配偶者にその使用または収益を認めることを内容とする、配偶者居住権という法定の権利を新設し、遺産分割や被相続人の遺贈などの手続によって、残された配偶者に配偶者居住権を取得させることができるとした。

規定したこととなる。つまり、ボワソナードは、今回の日本民法典の配偶者居住権（法定の債権）よりも広い範囲で使え、より安定した権利である物権として、住居権を規定していたのである。

しかし旧民法典制定時には、日本の古来からの所有権概念にない、この用益権、住居権を規定することに多くの反対があった。それに対してボワソナードがこの制度の有益な活用例としてあげていたのが、まさにこの生存配偶者（未亡人）の住居確保の例だったのである（池田『ボワソナードとその民法』〔増補完結版〕）。

ちなみに、ボワソナードはその生存配偶者の説明のなかで、「夫又は妻」「妻又は夫」などと、夫と妻の立場の互換性を丁寧に示している。これに対して、当時の日本では、家制度、戸主制、長子相続制の時代であるから、「妻には所有権まであたえる必要はなく、生きているうちの利用権だけあたえればいい」という男女差別の議論が、（この用益権、住居権を廃止した）明治民法の法典調査会などでもまかりとおっていた（池田『ボワソナードとその民法』〔増補完結版〕）。現代日本の、女性活躍推進の遅れも想起しつつ、ボワソナードの、男女平等の考え方の先進性をここで記しておきたい。

ボワソナードの民法研究とそのルーツ

さらにいえば、ボワソナードが来日前に生存配偶者や遺留分についての研究をしていたことは、当時のフランス民法典においては、配偶者の相続権が非常に弱く規定されていたこと（被相続人に十二親等以内の相続人がいない場合にはじめて配偶者の相続が可能になる）にもよると思われるのだが、もう一つ、彼の出自にも関係がありそうである。

すでに大久保泰甫の一九七七（昭和五十二）年の著作以来知られているところだが、ボワソナードは婚外子として生まれている（西堀昭『増訂版 日仏文化交流史の研究』に詳細な資料・年譜などがある）。著名なギリシャ学者である父ジャン・フランソワ・ボワソナード・ド・フォンタラビー二世と、母マリー・ローズ・アンジェリック・ブウトリィが婚姻を届け出、認知・準正（じゅんせい）によって彼が嫡出子となり、ボワソナード姓を名乗るようになるのは、ボワソナードの三一歳の時（父は八二歳、母は七三歳の時）であった。それまでの彼は、母の姓ブウトリ

『生存配偶者の諸権利の歴史』外装

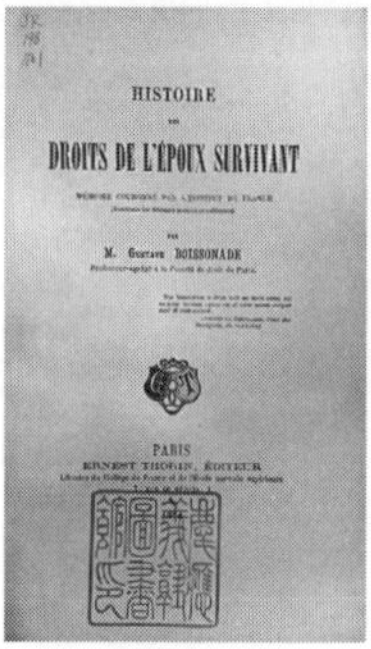

中表紙二枚目

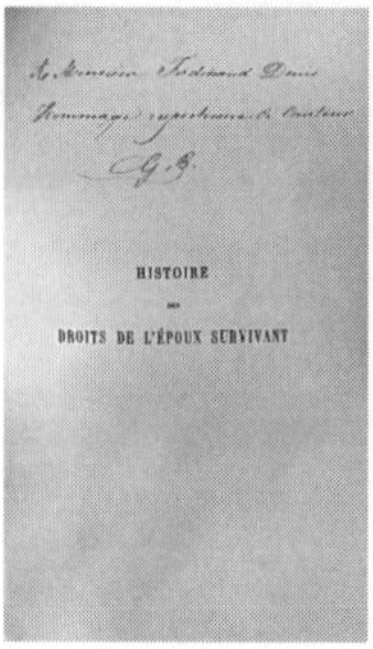

ボワソナードの署名(中表紙一枚目、署名部分を左に示す)

ィBoutryを名乗っていた(なお婚姻・認知の翌年に父が八三歳で死去し、母もその翌年七五歳で亡くなっている)。

大久保『ボワソナアド』によると、母は、馬車引きの実父を二歳にならないうちに喪い、母の母が再婚した庭番の父のもとで育ったという。そして、彼が二七歳の時(一八五二年)にまだギュスターブ・エミール・ブウトリィとして提出した博士論文のテーマは、『夫婦間の贈与の歴史、およびナポレオン法典における同制度に関する試論』というものであった。この論文は翌年審査が行われた博士論文コンクールで「第一等金メダル」を受賞した。大久保によると、彼ブウトリィはこの論文を実父である「J・Fボワソナード氏」にささげているという。大久保は、「そこに子と父のあいだの心と血のつながりを見ることができる」としているが、この「夫婦間の贈与」というテーマを選んだところに、彼ブウトリィの(その段階でまだ正式な婚姻をしていない)母への思いを感じとることができるのではなかろうか。

そして、一八六四年に三九歳で三度目の挑戦でアグレガシオン(教授資格試験)にとおって学者となったボワソナードは、来日前に二度にわたり懸賞論文

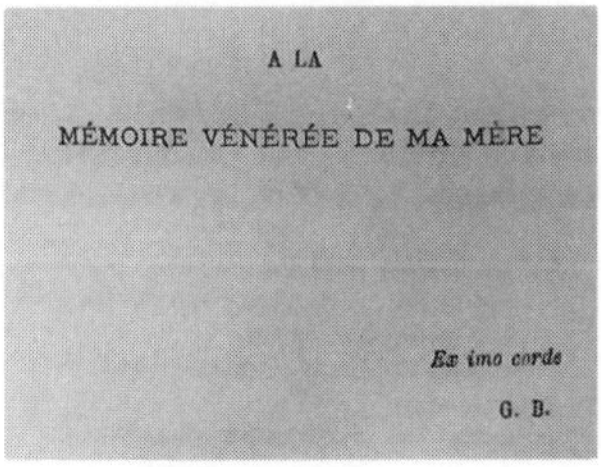

母への献辞（中表紙二枚目裏，部分）「崇敬する母の思い出に」

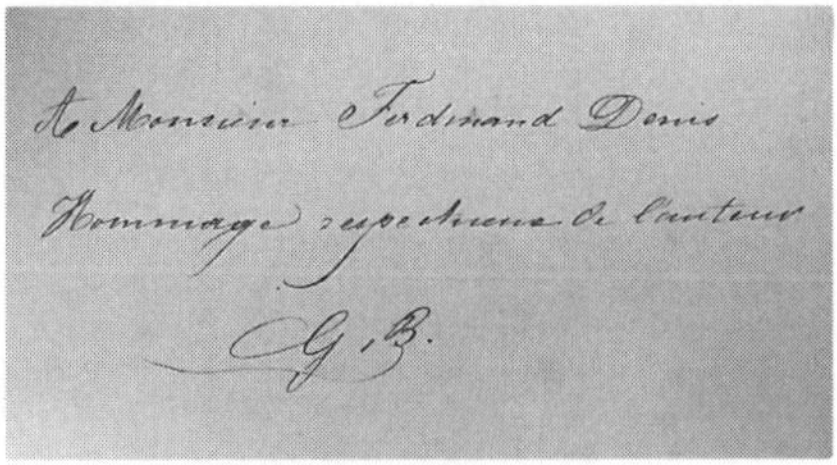

ボワソナードの献本署名　「フェルディナン・ドニ氏へ　著者より敬意をこめて G.B」（本人自筆かは未確認）

でフランス学士院の賞を受賞しているのだが、その一作目は遺留分に関するもので、七二年に受賞した二作目が、『生存配偶者の諸権利の歴史』なのである（来日直後の一八七四年に出版されている）。これは六〇〇ページ近い背皮表紙の立派な書籍であるが、その序文の前には、「崇敬する母の思い出に」と献辞が書かれている。

いずれにしても、わが国の民法における配偶者居住権の新設は、現代日本における、いわば一三〇年ぶりのボワソナードの復権といえよう。

日本滞在最晩年のボワソナード

日本滞在最晩年のボワソナードについては、これまで伝えるものが少ない。ただ、以下のことがわかってきた（池田『ボワソナードとその民法』〔増補完結版〕）。それは、ボワソナードと、当時新設された慶應義塾の「大学部・法科」の主任教授としてハーバード大学から招聘された、若き法学者ジョン・ヘンリー・ウィグモアとの交流書簡からである（岩谷十郎「ウィグモア宛ボアソナード書簡一四通の解題的研究」）。

ウィグモアは、帰国後、シカゴのノースウエスタン大学の教授となり、法制史や証拠法の大家となった人物であるが、来日後、日本の旧慣に興味をもって研究を始め、ボワソナードに手紙を書いて教えを乞うのである。ボワソナードは、二六歳で来日した、この若き法学者との交流のなかで日本の旧慣を再検討するにいたったとされる。

そのボワソナードからの二通目の返信（一八九一〈明治二十四〉年二月）の書簡には、発信地についてKanagawa, Takashima yamaという記載がある。この、「神奈川、高島山（たかしまやま）」について岩谷十郎は、地名辞典の記述を引用したうえで、▲「現在は、京浜（けいひん）急行線神奈川駅直近の場所であり、当時の地図などによれば、この高台の下をめぐるようにして東海道（とうかいどう）がはしり、駅前には湾が大きく広がっていた」と注記している（岩谷「ウィグモア宛ボアソナード書簡一四通の解題的研究」）。

筆者がそのさきを続けてみよう。岩谷論文が掲げる八通目の、一八九二（明治二十五）年十一月二十三日付の書簡の末尾には、「私もまた、毎火曜日と金曜日、一〇時半から正午まで、司法省にまいります」という一文がある。そして、当時の地図と比照すれば、高島山（高島台）をおりた辺りが、一八七二（明治五）

▼**神奈川・高島山**　現在は高島台と呼ばれ、横浜市神奈川区の南部にあり、西区との接点に位置する標高四〇メートル余りの高台。その名の由来は、明治初期に高島町の埋立てを行った際、高島嘉右衛門がこの高台から指揮をくだし、また後年そこに居住したことに発する（『角川日本地名大辞典14　神奈川県』）。

年開通の新橋（現汐留）――横浜（現桜木町）間の鉄道の終点前の途中駅、神奈川停車場のあったところなのである（現在の横浜駅から少し東京側によった位置で、当時は海辺である）。ということは、ボワソナードは、一八八九（明治二十二）年十二月の再来日以後、いつからかはわからないが、旧民法典が九〇（同二十三）年十月に公布されたあとの九一年二月には、すでにこの高島山に居を構えて、鉄道で（最近発見された「高輪築堤」をとおって）司法省に「通勤」していたということであろう。しかも翌一八九二年十一月頃には、その出勤は週二回、各一時間半ずつにすぎないという状況であったことがわかる。

一八九二年は、例の法典論争で、五月二十六日に貴族院で民法商法延期法律案が可決され、同六月十日に衆議院でも可決された年である。一時は「法曹界の団十郎」ともてはやされ、多忙をきわめたボワソナードの、旧民法典施行延期決定後の明治政府の処遇が、ここに垣間みられるようである。ボワソナードにとって、この極東の地での「望まれる存在」としての状況は、確実に終りつつあったというべきであろうか。

なお、ボワソナードのために一言加えておきたい。学者のあいだでは、ボワソナードはようやくこのウィグモアとの交流のなかで、日本の旧慣の重要性を認識したという趣旨の見解がある。しかしそれはある程度事実であろうが、ボワソナードは、そもそも来日前の彼の相続法関係の大論文をみても、世界の旧慣を渉猟して論文を書くという方法論を採用している。先にも述べたように、彼は、財産法の分野では、近代民法典の起草の参考となる日本の旧慣はほとんどなかったという評価をしていた。そして一方で起草の参考となる旧慣が、封建的なものにせよ、多数存在した家族法（親族法、相続法）の部分については、最初からボワソナードは起草を委嘱されていなかったのである。

この時期になってボワソナードは、旧民法典が旧慣に反していないことを論証し、施行断行の支援とするべく、ウィグモアの日本の旧慣に関する研究を紹介する論考を公にするが、その旧慣への関心は当初からけっして低いものではなかったのである（池田『ボワソナードとその民法』〈増補完結版〉）。

そして誰もいなくなった——「日本近代法の父」の帰国

後年の『法律新聞』掲載記事には、「ボ君の偶ま（たまた）喘息を病んで、一たび神奈川台なる高島嘉右衛門氏の邸に休養せし後」ついに帰国にいたるという一文がある。一八九五(明治二十八)年三月八日、「禿頭白髪の老博士」は、朝野の熱烈な見送りを受けつつ、令嬢とともに新橋駅を発ち、横浜港から帰国の途に就いた、と多くの書物に記されている。

しかし、「朝野の熱烈な見送り」は事実であったかもしれないが、ボワソナード本人の心境はどうであったのだろうか。

彼の最大の業績であった旧民法典は、公布されながらも施行が延期となり、三人の日本人委員(穂積陳重、富井政章、梅謙次郎)の手で大幅な修正を加えられることになった。そして彼をこの国に迎えた人も、ともに困難な業務を遂行した人びとも、その多くはすでにこの世を去っている。自分を日本に招聘した司法卿江藤新平は、来日直後に大久保利通に処刑され、自分を重用し厚遇してくれたその大久保も一八七八(明治十一)年に暗殺されている。大木喬任を継いで旧民法の公布にこぎつけてくれた山田顕義司法卿・司法大臣も、一八九二(明治二十五)年十一月、司法大臣を退いた翌年に視察先の生野銀山で脳溢血を発症して逝去している(享年四九歳。ボワソナード自身が仏語協会で述べた追悼文が残されている)。パリで最初の講義を聴いた一人である今村和郎も、旧民法編纂過程で山田を助けて活躍し、旧民法典の解説者として著作を著わしはじめたこれからという一八九一(明治二十四)年に結核で世を去り(彼に対してもボワソナードは詳細な経歴を書いている)、そして同じくパリで最初の講義を聴きながらのちにボワソナードをいわば「使い倒した」稀代の能吏井上毅も、すでに死の床にあり、帰国歓送会に欠席のため送別の詞▲を書き送ったが、ボワソナード離日のわずか四日後に逝去することになる。

見送りの場にいたかどうかは定かでないが、招聘前夜から生き残っている主要人物は、副島種臣と大木喬任、ボワソナード来日の際にパリから同行して、その後側近・通訳役をつとめた名村泰蔵(大審院長心得を辞したところであった。名村は横浜まで見送ったと報じられている)、そして伊藤博文くらいである。ただその伊藤も、一四年後にハルビンで暗殺される。

ちなみに、ボワソナードが私立法律学校のなかで中心的に法学教育にかかわった東京法学校で開かれた、一八八九(明治二十二)年四月の一時帰国の際の送別会で、ボワソナードは大久保の厚遇を受けたことに対する感謝を述べている

▼**井上毅の送別の詞**　井上は、かつてボワソナードが足に浮腫をつくりながら、大臣との約束の日までにと草案註釈の執筆に没頭しているのを見かね、山田司法大臣に上申して転地療養をさせたことを書き、「此事一小件なれども余は将来ボワソナード君の名誉ある史伝中の一段とすべき価値ありと信ずるが為に別れに臨みてこれを公衆の前に述ぶ」と記していた(『井上毅傳』史料篇第三)。

(『法政大学大学史資料集』)。そして、後年岸本辰雄(先述のように現在の明治大学の創始者の一人)は、ボワソナードに対する追悼談話のなかで、「氏は大久保内務卿の顧問をしていたぐらゐだから卿等は非常に信用が厚かったが伊藤さんには嫌われたほうだった其故は伊藤さんは独逸流であったからで爾来段々我邦にも独逸風が吹いて来て—それは独仏戦争の結果から—仏国の方は頓に勢いがなくなり……」と述べている(『東京日日新聞』明治四十三〈一九一〇〉年七月十五日)。先述のように、法典論争でボワソナード旧民法典が施行延期となった際も、伊藤は明瞭に延期論を述べていたのである。

実はボワソナードは先述のように、一八九一(明治二十四)年頃からは、神奈川高島山の高島嘉右衛門▲の別邸に寓居していたのだが(池田『ボワソナードとその民法』(増補完結版))、伊藤はその、横浜の鉄道敷設工事(高輪築堤以上の大規模な埋立て工事を請け負っている)でも名高い、実業家高島嘉右衛門と昵懇の仲であった。そして、易断家でもあった高島にハルビン行きをとめられた末の渡航・暗殺であった。

こうして、卓越した業績をあげたお雇い外国人ボワソナードの来日・滞日・

▼**高島嘉右衛門**　一八三二〜一九一四。江戸の材木商から身を起こした横浜の実業家。旅館業や洋学校経営も行う。娘が伊藤博文の息子に嫁いでおり、伊藤のハルビン行きを懸念した高島の卦は、暗殺者安重根の名前までを暗示していたとも報じられている。

▼**叙勲**　勲一等瑞宝章の一人目は海軍省雇いの軍人ベルタンという（澤護『お雇いフランス人の研究』）。なおボワソナードは逝去の前年の一九〇九（明治四十二）年に、勲一等旭日大綬章を受けている。

離日に大きくかかわった「日本近代法制の三傑」と呼ぶべき三人の指導者（江藤、大久保、伊藤）は、全員が非業の死をとげるにいたったのである。明治という時代の、光と影というべきであろうか。

ボワソナードが明治政府に利用されつくしたという評価もあたっていよう。逆にいえば、明治政府のお雇い外国人としてはまさに天晴れ（あっぱ）な働きであり、明治政府が帰国数日前に外国人として二人目の勲一等瑞宝章の授与を決定したのは、政府としては当然の論功行賞であった。▲

ボワソナード本人としても、本国に残っていたとしてもこれだけの「求められた」仕事をすることはできなかったと思われるし、それを実感していたからこそ、二二年の月日を極東の地ですごすことになったのであろうと思われる。明治という時代に翻弄されながら、この極東の島国への、西洋近代法の「布教」に殉じたといってもよい、後半生であった。

ボワソナード胸像(パリ大学への寄贈の経緯は本書七三ページ参照)

エピローグ——南仏アンチーブの墓地

帰国したボワソナードは、南仏のアンチーブに隠棲する。地中海に面した、ニースとカンヌのあいだに位置する、風光明媚な避寒地である。そのアンチーブの、地中海にせりだした岬の地区(カップ・ダンチーブ)に、海の見える豪壮な邸宅Bellevueを構え、日本でも彼を助けた愛嬢ルイーズと暮したという。

一九一〇(明治四十三)年三月、彼は、法政大学から贈られた創立三〇周年の記念論文集と三〇年史に対する礼状を、富井政章と梅謙次郎に宛てて書き、「小生の頽齢と小生の病軀とは、敢て小生の日本に対する親愛の情と、忠実の心とを冷却せしむること無之候」と書いた(『法学志林』掲載)。そして同年六月二十七日に死去。享年八五歳であった。墓はアンチーブ市のラビアック墓地を

アンチーブのボワソナードの墓
（奥にみえる円形のレリーフは一九七九年に法政大学が寄贈して取り付けたもの）

日本の教え子たちが贈った大理石板の碑文

入口からまっすぐにのぼった右手の第六区画七番にある。

一九七八（昭和五十三）年、パリ留学中に彼の地に墓参をした筆者は、その後Beau Siteという名のホテルになっていたという、彼の旧宅を訪ねあてられないまま、岬の突端にある灯台にのぼった。日が落ちて、目の前は漆黒の地中海である。ただ振り返った時、東にニース、西にカンヌの街の灯が、海岸線にそって、真珠の首飾りのように輝いていた。

ボワソナードが日本滞在の最終期をすごした、神奈川台の高島（たかしま）邸の辺りからは、フランスにまで続く横浜の海が見えた。そして、フランスから日本にいくにはマルセイユからスエズ運河をとおっての船便しかなかったこの時代には、地中海にせりだしたここアンチーブの岬は、「日本に一番近いフランス」だったのである。

写真所蔵・提供者一覧(敬称略, 五十音順)

関西大学年史編纂室　p. 26
慶應義塾図書館　p. 8下左・下右, 48下, 96, 97
慶應義塾福澤研究センター　p. 85
公益財団法人鍋島報效会　p. 69中
国立公文書館　p. 20
国立国会図書館　扉下, p. 6, 12, 19, 21, 44, 47, 75, 81
長崎大学附属図書館　p. 32
西堀昭『増訂版　日仏文化交流史の研究』　p. 24
日本建築学会　p. 33上・中・下
法政大学図書館　扉上
HOSEIミュージアム　p. 82
法務省　カバー表
法務図書館　カバー裏
明治大学史資料センター　p. 27
横浜開港資料館　p. 69上
早稲田大学演劇博物館　p. 69下
著者　p. 8上左・上右, 48上, 105
著者(撮影袴田忠士氏)　p. 106

会, 1967年
手塚豊『明治刑法史の研究(下)』〔手塚豊著作集第 6 巻〕(慶應通信, 1986年)
手塚豊『明治民法史の研究(上)』〔手塚豊著作集第 7 巻〕(慶應通信, 1990年)
手塚豊『明治民法史の研究(下)』〔手塚豊著作集第 8 巻〕(慶應通信, 1991年)
手塚豊『明治法学教育史の研究』〔手塚豊著作集第 9 巻〕(慶應通信, 1988年)
中村義孝「ボアソナード刑事訴訟法典草案」『立命館法学』324号, 立命館大学法学会, 2009年
西原春夫「刑法制定史にあらわれた明治維新の性格――日本の近代化におよぼした外国法の影響・裏面からの考察」『比較法学』3 巻 1 号, 早稲田大学比較法研究所, 1967年
西堀昭『増訂版　日仏文化交流史の研究――日本の近代化とフランス』駿河台出版社, 1988年(初版1981年)
野田良之・久野桂一郎訳『ブスケ　日本見聞記 1 ・ 2 』みすず書房, 1977年
福澤諭吉『明治十年丁丑公論・瘠我慢の説』講談社, 1985年
福澤諭吉協会『福澤諭吉年鑑47』一般社団法人福澤諭吉協会, 2021年
法政大学ボアソナード・梅謙次郎没後100年企画・記念式典実行委員会編『ボアソナード講演集・著作目録――ボアソナード・梅謙次郎没後100周年記念冊子』法政大学, 2010年
法政大学ボアソナード・梅謙次郎没後100年企画・出版実行委員会編『ボアソナード・梅謙次郎没後100周年記念冊子(上・報告集)(下・資料集)』法政大学, 2015年
星野英一「日本民法典に与えたフランス民法の影響」『日仏法学』3 号, 日仏法学会, 1965年
星野通編著『民法典論争資料集〔復刻増補版〕』日本評論社, 2013年
星野通『明治民法編纂史研究』ダイヤモンド社, 1943年
松尾浩也「解題」『仏文・刑法草案註釈』〔復刻版〕(ボアソナード文献叢書⑰)宗文館, 1988年
松田裕之『高島嘉右衛門　横浜政商の実業史』日本経済評論社, 2012年
毛利敏彦『江藤新平』中公新書, 1987年(増訂版1997年)
毛利敏彦『明治六年政変』中公新書, 1979年
安岡昭男『副島種臣』吉川弘文館, 2012年
横浜開港資料館編『横浜・歴史の街かど』神奈川新聞社, 2002年

参考文献

池田真朗『ボワソナードとその民法〔増補完結版〕』慶應義塾大学出版会, 2021年（初版2011年）
池田真朗『債権譲渡の研究』(全４巻)弘文堂, 1993〜2010年
池田眞朗「日本法学教育史再考——新世代法学部教育の探求のために」『武蔵野法学』５・６号, 武蔵野大学法学会, 2016年
池田真朗「行動立法学序説——民法改正を検証する新時代の民法学の提唱」『法学研究』93巻７号, 慶應義塾大学法学研究会, 2020年
伊藤彌彦『維新と人心』東京大学出版会, 1999年
井上馨侯伝記編纂会編『世外井上公伝』第３巻, 内外書籍, 1934年
井上毅伝記編纂委員会編『井上毅傳　史料篇』第３, 第４, 國學院大學図書館, 1969, 71年
岩谷十郎「ウィグモアの法律学校——明治中期アメリカ人一法律家の試み」『法学研究』69巻１号, 慶應義塾大学法学研究会, 1996年
岩谷十郎「ウィグモア宛ボアソナード書簡14通の解題的研究」『法学研究』73巻11号, 慶應義塾大学法学研究会, 2000年
内田一郎「刑事裁判の近代化——明治初期から旧刑訴まで」『比較法学』３巻２号, 早稲田大学比較法研究所, 1967年
内田宗治『明治大正凸凹地図　東京散歩』実業之日本社, 2015年
梅溪昇『お雇い外国人①——概説』鹿島研究所出版会, 1968年
大久保利謙「明治14年の政変」明治史料研究連絡会編『明治史研究叢書１　明治政権の確立課程』御茶の水書房, 1957年
『大久保利通文書』第９, 日本史籍協会, 1929年
大久保泰甫『日本近代法の父　ボワソナアド』岩波新書, 1977年
大久保泰甫＝高橋良彰『ボワソナード民法典の編纂』雄松堂出版, 1999年
大久保泰甫『ボワソナードと国際法——台湾出兵事件の透視図』岩波書店, 2016年
外務省調査部編纂・外務省蔵版『大日本外交文書』第７巻, 日本国際協会, 1939年
外務省調査局編纂・外務省蔵版『日本外交文書』第15巻, 日本国際連合協会, 1951年
外務省調査局編纂・外務省蔵版『日本外交文書』第20巻, 国際連合研究会, 1947年
笠原英彦『大久保利通』吉川弘文館, 2005年
笠原英彦『明治留守政府』慶應義塾大学出版会, 2010年
勝田孫弥『甲東逸話』冨山房, 1928年
小柳春一郎『近代不動産賃貸借法の研究——賃借権・物権・ボワソナード』信山社出版, 2001年
澤護『お雇いフランス人の研究』敬愛大学経済文化研究所, 1991年
七戸克彦「外伝17ボワソナード」『法学セミナー』56巻１号, 日本評論社, 2011年
芝原拓自・猪飼隆明・池田正博『日本近代思想大系12　対外観』岩波書店, 1988年
高田晴仁「福澤諭吉と法典論争——法典延期・修正・施行」『福澤諭吉年鑑36』一般社団法人福澤諭吉協会, 2009年
瀧井一博『明治国家をつくった人びと』講談社現代新書, 2013年
垂水克己「明治大正刑事訴訟法史(二・完)」『法曹会雑誌』法曹会, 1940年
手塚豊『明治初期刑法史の研究』慶應義塾大学法学研究会, 1956年
手塚豊「司法省法学校小史」『法学研究』40巻６・７・11号, 慶應義塾大学法学研究

ボワソナードとその時代

西暦	年号	齢	おもな事項
1825	文政 8		*6-7* フランス・パリ郊外のヴァル＝ド＝マルヌ県ヴァンセンヌで出生。婚外子として出生し姓は母方のブウトリィとなる
1852	嘉永 5	27	*5-* パリ大学法学部で博士号取得
1856	安政 3	31	*7-22* 両親が婚姻届けを提出。父の認知・準正によって，ボワソナード姓となり，正式名はGustave Emile Boissonade de Fontarabieとなる
1864	文久 4	39	*4-16* アグレガシオン(教授資格試験)合格。*4-21* グルノーブル大学教授
1867	慶応 3	42	『遺留分とその精神的経済的影響の歴史』で学士院賞受賞。*10-31* パリ大学法学部アグレジェ(待命教授)
1872	明治 5	47	パリで井上毅らの日本人派遣調査団に対して講義
1873	6	48	*11-15* 日本政府法律並諸規則調成ノ補佐及顧問として来日
1874	7	49	*4-9* 司法省明法寮にて法学教育を開始。*4-13* 前司法卿江藤新平が佐賀の乱で処刑される。*8-6* 大久保利通の顧問(正式随員ではない)として対清国交渉に参加。この年刑法と治罪法の草案起草開始
1875	8	50	*4-15* 拷問廃止の書簡を司法卿に送る。*5-20* 拷問廃止の建白書提出
1876	9	51	*4-6* 勲二等旭日重光章。この年から外務省，元老院の顧問を兼ねる
1878	11	53	*5-14* 大久保利通暗殺される
1879	12	54	*3-* 大木司法卿より民法典の起草を付託される
1880	13	55	*4-1* 司法省から太政官に転雇。この年註釈付民法草案の出版を開始
1882	15	57	*1-1* 旧刑法および治罪法施行
1883	16	58	東京法学校(現法政大学)教頭に就任
1887	20	62	*5-10* 井上毅との対談筆記で条約改正に反対する
1889	22	64	*4-27* フランスに一時帰国のため離日。*8-14* パリ大学法学部名誉教授の称号を受ける。*12-3* 再来日
1890	23	65	*4-21* 旧民法典(ボワソナード起草の財産法部分)公布。人事編公布は10月 7 日，施行はいずれも明治26年 1 月 1 日とされた
1892	25	67	*11-22* 民法及商法施行延期法律公布
1895	28	70	*3-4* 勲一等瑞宝章。*3-8* 帰国のため離日。帰国後は南仏コート・ダジュールの保養地アンチーブに居住
1909	42	84	*4-16* 勲一等旭日大綬章
1910	43	85	*6-27* アンチーブで死去。同市のラビアック墓地に眠る

池田眞朗(いけだ まさお)
1949年生まれ
慶應義塾大学大学院法学研究科博士課程修了
博士(法学)
専攻，民法・金融法・民法学史
現在，武蔵野大学大学院法学研究科長・教授，慶應義塾大学名誉教授
主要著書
『債権譲渡の研究』全４巻(弘文堂1993～2010)
『民法はおもしろい』(講談社2012)
『スタートライン債権法』〔第７版〕(日本評論社2020)
『民法への招待』〔第６版〕(税務経理協会2020)
『ボワソナードとその民法』〔増補完結版〕(慶應義塾大学出版会2021)

日本史リブレット人 087
ボワソナード
「日本近代法の父」の殉教
2022年３月20日　１版１刷　印刷
2022年３月30日　１版１刷　発行
著者：池田眞朗(いけだまさお)
発行者：野澤武史
発行所：株式会社 山川出版社
〒101－0047　東京都千代田区内神田１－13－13
電話 03(3293)8131(営業)
03(3293)8135(編集)
https://www.yamakawa.co.jp/
振替 00120-9-43993
印刷所：明和印刷株式会社
製本所：株式会社 ブロケード
装幀：菊地信義＋水戸部功

Printed in Japan ISBN 978-4-634-54887-9

日本史リブレット 人

1 卑弥呼と台与 —— 仁藤敦史
2 倭の五王 —— 森 公章
3 蘇我大臣家 —— 佐藤長門
4 聖徳太子 —— 大平 聡
5 天智天皇 —— 須原祥二
6 天武天皇と持統天皇 —— 義江明子
7 聖武天皇 —— 寺崎保広
8 行基 —— 鈴木景二
9 藤原不比等 —— 坂上康俊
10 大伴家持 —— 鐘江宏之
11 桓武天皇 —— 西本昌弘
12 空海 —— 曾根正人
13 円仁と円珍 —— 平野卓治
14 菅原道真 —— 大隅清陽
15 藤原良房 —— 今 正秀
16 宇多天皇と醍醐天皇 —— 川尻秋生
17 平将門と藤原純友 —— 下向井龍彦
18 源信と空也 —— 新川登亀男
19 藤原道長 —— 大津 透
20 清少納言と紫式部 —— 丸山裕美子
21 後三条天皇 —— 美川 圭
22 源義家 —— 野口 実
23 奥州藤原三代 —— 斉藤利男
24 後白河上皇 —— 遠藤基郎
25 平清盛 —— 上杉和彦
26 源頼朝 —— 高橋典幸
27 重源と栄西 —— 久野修義
28 法然 —— 平 雅行
29 北条時政と北条政子 —— 関 幸彦
30 藤原定家 —— 五味文彦
31 後鳥羽上皇 —— 杉橋隆夫
32 北条泰時 —— 三田武繁
33 日蓮と一遍 —— 佐々木馨
34 北条時宗と安達泰盛 —— 福島金治
35 北条高時と金沢貞顕 —— 永井 晋
36 足利尊氏と足利直義 —— 山家浩樹
37 後醍醐天皇 —— 本郷和人
38 北畠親房と今川了俊 —— 近藤成一
39 足利義満 —— 伊藤喜良
40 足利義政と日野富子 —— 田端泰子
41 蓮如 —— 神田千里
42 北条早雲 —— 池上裕子
43 武田信玄と毛利元就 —— 鴨川達夫
44 フランシスコ＝ザビエル —— 浅見雅一
45 織田信長 —— 藤田達生
46 徳川家康 —— 藤井讓治
47 後水尾院と東福門院 —— 山口和夫
48 徳川光圀 —— 鈴木暎一
49 徳川綱吉 —— 福田千鶴
50 渋川春海 —— 林 淳
51 徳川吉宗 —— 大石 学
52 田沼意次 —— 深谷克己
53 遠山景元 —— 藤田 覚
54 酒井抱一 —— 玉蟲敏子
55 葛飾北斎 —— 大久保純一
56 塙保己一 —— 高埜利彦
57 伊能忠敬 —— 星埜由尚
58 近藤重蔵と近藤富蔵 —— 谷本晃久
59 二宮尊徳 —— 舟橋明宏
60 平田篤胤と佐藤信淵 —— 小野 将
61 大原幽学と飯岡助五郎 —— 高橋 敏
62 ケンペルとシーボルト —— 松井洋子
63 小林一茶 —— 青木美智男
64 鶴屋南北 —— 諏訪春雄
65 中山みき —— 小澤 浩
66 勝小吉と勝海舟 —— 大口勇次郎
67 坂本龍馬 —— 井上 勲
68 土方歳三と榎本武揚 —— 宮地正人
69 徳川慶喜 —— 松尾正人
70 木戸孝允 —— 一坂太郎
71 西郷隆盛 —— 德永和喜
72 大久保利通 —— 佐々木克
73 明治天皇と昭憲皇太后 —— 佐々木隆
74 岩倉具視 —— 坂本一登
75 後藤象二郎 —— 村瀬信一
76 福澤諭吉と大隈重信 —— 池田勇太
77 伊藤博文と山県有朋 —— 西川 誠
78 井上馨 —— 神山恒雄
79 河野広中と田中正造 —— 田崎公司
80 尚泰 —— 川畑 恵
81 森有礼と内村鑑三 —— 狐塚裕子
82 重野安繹と久米邦武 —— 松沢裕作
83 徳富蘇峰 —— 中野目徹
84 岡倉天心と大川周明 —— 塩出浩之
85 渋沢栄一 —— 井上 潤
86 三野村利左衛門と益田孝 —— 森田貴子
87 ボワソナード —— 池田眞朗
88 島地黙雷 —— 山口輝臣
89 児玉源太郎 —— 大澤博明
90 西園寺公望 —— 永井 和
91 桂太郎と森鷗外 —— 荒木康彦
92 高峰譲吉と豊田佐吉 —— 鈴木 淳
93 平塚らいてう —— 差波亜紀子
94 原敬 —— 季武嘉也
95 美濃部達吉と吉野作造 —— 古川江里子
96 斎藤実 —— 小林和幸
97 田中義一 —— 加藤陽子
98 松岡洋右 —— 田浦雅徳
99 溥儀 —— 塚瀬 進
100 東条英機 —— 古川隆久

〈白ヌキ数字は既刊〉